高等教育自学考试系列辅导丛书

丛书组编 四川英华教育文化传播有限公司

Sichuan Yinghua Education & Culture Communication Co.,Ltd

编写依据《教育学——情境与原理》(傅道春编著 教育科学出版社)

英华教育

高等教育自学考试『教育学(二)』辅导资料

教育学(二)模拟试题集

(教育类专业)

(第三版)

主编 梁勤 张静

课程代码

00442

西南财经大学出版社

Southwestern University of Finance & Economics Press

中国·成都

图书在版编目(CIP)数据

教育学(二)模拟试题集/梁勤,张静主编.—3版.—成都:西南财经大学出版社,2021.7
ISBN 978-7-5504-4924-4

Ⅰ.①教… Ⅱ.①梁…②张… Ⅲ.①教育学—高等教育—自学考试—习题集 Ⅳ.①G40-44

中国版本图书馆CIP数据核字(2021)第113324号

教育学(二)模拟试题集(第三版)
JIAOYUXUE ER MONI SHITIJI

主编 梁勤 张静

责任编辑:冯雪
封面设计:张姗姗
责任印制:朱曼丽

出版发行	西南财经大学出版社(四川省成都市光华村街55号)
网　　址	http://cbs.swufe.edu.cn
电子邮件	bookcj@swufe.edu.cn
邮政编码	610074
电　　话	028-87353785
照　　排	四川胜翔数码印务设计有限公司
印　　刷	郫县犀浦印刷厂
成品尺寸	185mm×260mm
印　　张	11
字　　数	195千字
版　　次	2021年7月第3版
印　　次	2021年7月第1次印刷
印　　数	1—3300册
书　　号	ISBN 978-7-5504-4924-4
定　　价	39.80元

高等教育自学考试系列辅导丛书
编　委　会

丛书前言

依靠自己的力量，在有限的时间里学习一门新学科，从不懂到懂，从不会到会，从不理解到理解，从容易遗忘到记忆深刻，从不会应用到熟练应用，从模仿到创新，把书本知识内化为自己的知识，是一个艰难的过程。在这个过程中，自学者不仅需要认真钻研考试大纲，刻苦学习教材和辅导书，还应该做适量的练习，把学和练有机地结合起来，否则，就不能达到预定的学习目标。“纸上得来终觉浅，绝知此事要躬行。”这是每一位自学者都应遵循的信条。

编写模拟试题，同样是不容易的事。它对编写者提出了相当高的要求：

- 有较深的学术造诣；
- 有较丰富的教学经验；
- 对高等教育自学考试有深刻的理解并有一定的辅导自学者的经历；
- 对考试大纲、教材、辅导书有深入的了解，对文中的重点、难点、相互联系等有准确的理解；
- 对自学者的学习需要和已有的知识基础有一定的了解。

只有把这些因素融合在一起，编写者才能编写出高质量的，有利于自学者举一反三、事半功倍的练习题。

基于学习目标的考虑，我们把模拟试题大致分为四个部分：

第一，单项练习，针对一个知识点而设计的练习题。其目的在于帮助自学者理解和记忆基本概念和理论。

第二，创造性练习，提供一些案例、事实、材料，使考生应用所学的理论、观点、方法创造性地解决问题。这类问题可能没有统一的答案，只有一些参考性的思路。其目的很明确，就是培养自学者的创新意识和能力。

第三，综合自测练习，在整个学科范围内设计练习题，尽量参考考试大纲的题型，组成类似考卷的练习题。其目的在于使自学者及时检测全部学习状况，帮助自学者做好迎接统一考试的知识及心理准备。

第四，历届试题练习，旨在帮助自学者能按正规考试要求进行学习效果的测试。

子曰："学而时习之，不亦说乎。"本书可以让自学者边学边练，有规律地进行复习，这不仅可以提高学习效率，也能给艰难的学习过程带来一些快乐。圣人能够体会到这一点，我们每一位自学者同样能体会到。如果通过这样的学习过程，实现学习目标，实现人生的理想，实现对自我的不断超越，那么我们说这种学习其乐无穷也毫不夸张。

高等教育自学考试系列辅导丛书的编写和出版工作是一项艰巨而复杂的"培根铸魂"式的文化系统工程，需要付出很多的时间与精力。先进思想引领伟大事业，面对国家发展、民族复兴的迫切需求，面对时代改革、未来发展带来的巨大挑战，面对知识获取和传授方式的革命性变化，我们应立足现状，不骄不馁。展望未来，任重道远。我们满怀信心，肩负教育事业赋予文化企业的使命，砥砺前行，造就堪当民族复兴大任的"腹有诗书气自华"的时代新人，责无旁贷。我们坚信只要怀有对文化教育事业的诚挚热爱，心系考生，情牵教育，牢记使命，胜利与成功一定属于付出努力的人。

四川英华教育文化传播有限公司自考命题研究组

2021年5月于成都

第三版编写说明

《教育学（二）模拟试题集》系四川省高等教育自学考试教育类专业（本科）必修课程“教育学（二）”的配套参考用书。本课程设置的目的在于提高考生对教育学的基本理论的掌握并指导实践。本课程的目标是希望考生比较全面地了解和掌握教育学的基本理论和基本知识，并应用这些理论和知识解决实际问题。

本课程自开考以来尚未出版一本供考生练习使用的复习资料，而本课程内容多、难度大，且是一门应用性、理论性及知识性较强的课程。因此，考生在复习迎考时觉得无从下手。为了满足广大考生复习备考之要求，我们根据长期从事高等教育自学考试教学和管理的经验，在第二版的基础上，历时一年之久，精心编写了本书，并对编写体例与内容均做了修改，使其更贴近考试要求，更适应时代的发展。

在编写时，我们依据四川省高等教育自学考试委员会发布的《教育学（二）自学考试大纲》和教育科学出版社出版的《教育学——情境与原理》（傅道春编著）以及历年考试试卷，并结合快速发展的教育理论、不断更新的教育理念、不断创新的教育思想，以模拟试题的形式组织编写了本书。编写时，我们力求做到重点突出，内容全面，既有针对性，又有较强的实际效果。本书的题型包括单项选择题、多项选择题、名词解释题、简答题和论述题。本书还附有近年自考试卷，并配有较为完整的参考答案，以供考生练习使用。

模拟试题毕竟不是真正的考试题，有其局限性，希望考生在认真研读教材、大纲的基础上去练习，不可本末倒置，置教材、大纲于不顾，而一味地做题、猜题、押题，相信考生能理解我们编写此书的良苦用心。“书山有路勤为径，学海无涯苦作舟。”辅导书固然好，但也只是一个助手，在通往成功的路上，更多的是需要自学者的勤奋和努力。

“梅花香自苦寒来”，考生在学习教育学（二）课程的过程中，只有掌握恰当的学习方法，熟读所学内容，多做练习，理论联系实际，才能学好这门课程，取得优异的成绩，实现梦想。

知识随时在更新，我们会根据新形势、新情况，应广大考生要求，编写出更多、更新、更适合自考、更符合自考规律的辅导书。

在编写本书时，我们吸收了国内同行的许多经验和优秀教学成果，并得到主考院校西南科技大学、四川旅游学院、四川大学、四川农业大学、成都信息工程大学及四川科技职业学院、成都航空职业技术学院、四川交通职业技术学院、成都艺术职业大学、新疆师范高等专科学校和西南财经大学出版社等单位的大力支持，在此一并表示感谢。同时，向所有参与编写的老师所付出的劳动和无私的奉献表示感谢。

由于编写时间仓促和经验不足，难免存在不足之处，希望考生和助学教师在使用过程中提出批评和意见，我们将会在再版时，进行更新与弥补。

四川英华教育文化传播有限公司自考命题研究组

2021 年 5 月于成都

目录

第一部分　综合模拟试卷

第二部分　考前冲刺模拟试卷

第三部分　近年自考试题汇编

第一部分
综合模拟试卷

四川省高等教育自学考试
教育学（二）模拟试卷（一）

（课程代码　00442）

本试卷满分 100 分，考试时间 150 分钟。

总分		题号	一	二	三	四	五
核分人		题分	15	10	15	36	24
复查人		得分					

得 分	评卷人	复查人

一、单项选择题（本大题共 15 小题，每小题 1 分，共 15 分）

在每小题列出的四个备选项中只有一个是符合题目要求的，请将其代码填写在题中的括号内。错选、多选或未选均无分。

1. 教师所表现出来的最突出的角色是（　　）。

A.“领导者”角色　　B.“教员”角色

C.“朋友”角色　　D.“榜样”角色

2. “一把钥匙开一把锁”所体现的教师劳动特点是（　　）。

A. 科学性　　B. 艺术性

C. 创造性　　D. 复杂性

3. 师生之间为完成一定的教育任务而产生的关系是（　　）。

A. 工作关系　　B. 人际关系

C. 组织关系　　D. 心理关系

4. 下列选项中，属于远古教育的特征的是（　　）。

A. 阶级性　　B. 丰富性

C. 等级性　　D. 非独立性

5. 我国中小学课程中的工具类学科是指（　　）。

A. 社会科学、自然科学、技艺类　　B. 体育、艺术、技能

C. 语文、数学、外语　　D. 语文、社会科学、自然科学

6. 在西方，最早主张分科教学的是（　　）。

A. 柏拉图　　B. 亚里士多德

C. 昆体良　　D. 赫尔巴特

7. 研究教学系统、教学过程和制订教学计划的系统方法是（　　）。

A. 讨论法　　B. 发现法

C. 评价法　　D. 教学设计

8. “产婆术”的最早运用者是（　　）。

A. 苏格拉底　　B. 卢梭

C. 洛克　　D. 斯宾塞

9.《学记》中有“不陵节而施”，这句话所体现的教学原则是（　　）。

A. 因材施教原则　　B. 直观性原则

C. 循序渐进原则　　D. 启发性原则

10. 可使学生在较短时间内获得较多的系统连贯的知识的方法是（　　）。

A. 讲授法　　B. 谈话法

C. 读书指导法　　D. 实验法

11. 班级上课制萌芽于（　　）。

A. 16 世纪西欧的一些国家　　B. 17 世纪亚洲的一些国家.

C. 18 世纪北美洲的一些国家　　D. 19 世纪南美洲的一些国家

12. 道尔顿制是指（　　）。

A. 教师系统地向学生讲授教材　　B. 教师不再向学生系统讲授教材

C. 教师按能力把学生分成小组　　D. 学生学习的任务和内容相同

13. 人的整体素质赖以生成的基础是（　　）。

A. 思想政治素质　　B. 文化素质

C. 交往素质　　D. 生理素质

14. 在德育过程中引申出来的有关德育工作所必须遵循的基本要求是（　　）。

A. 德育规律　　B. 德育方法

C. 德育原则　　D. 德育任务

15. 我国中小学最常见的德育方法是（　　）。

A. 说服教育法　　B. 榜样示范法

C. 锻炼法　　D. 评价法

得 分	评卷人	复查人

二、多项选择题（本大题共5小题，每小题2分，共10分）

在每小题列出的五个备选项中至少有两个是符合题目要求的，请将其代码填写在题中的括号内。错选、多选、少选或未选均无分。

16. 教育影响包括（　　）。

A. 教育媒体　　B. 教育内容

C. 教育手段　　D. 教育活动方式方法

E. 教育环境

17. 民主型师生关系的主要特点包括（　　）。

A. 教师对学生不严格要求

B. 教师尊重学生，学生尊敬教师

C. 课堂气氛活跃

D. 师生之间呈现积极的双向交流

E. 教师以领导者自居

18. 学科课程的优点包括（　　）。

A. 重视每门科学知识的逻辑性　　B. 重视每门科学知识的系统性

C. 重视每门科学知识的完整性　　D. 重视学科之间的相互联系

E. 重视联系学生的生活实际

19. 教育对文化的作用主要表现在（　　）。

A. 传承文化　　B. 创新文化

C. 普及文化　　D. 交流文化

E. 整合文化

20. 综合课的结构包括（　　）。

A. 备课　　B. 组织教学

C. 评价　　D. 讲授新课

E. 布置作业

得 分	评卷人	复查人

三、名词解释题（本大题共 5 小题，每小题 3 分，共 15 分）

21. 智育

22. 学科课程

23. 教学策略

24. 教学大纲

25. 陶冶法

得 分	评卷人	复查人

四、简答题（本大题共6小题，每小题6分，共36分）

26. 简述学校教育在人的发展中的作用。

27. 简述教师的能力结构。

28. 简述青少年儿童的合法权利。

29. 简述影响教育的家庭因素。

30. 简述我国课程改革的发展趋势。

31. 简述学生品德形成的过程。

得 分	评卷人	复查人

五、论述题（本大题共 2 小题，每小题 12 分，共 24 分）

32. 试述学习方法指导的过程。

33. 试述教师选择教学方法的依据。

四川省高等教育自学考试
教育学（二）模拟试卷（一）
参考答案

（课程代码　00442）

一、单项选择题

1. B　2. C　3. A　4. D　5. C　6. B　7. D　8. A　9. C
10. A　11. A　12. B　13. D　14. C　15. A

二、多项选择题

16. ABCDE　17. BCD　18. ABC　19. ABCDE　20. BDE

三、名词解释题

21. 答：智育是指授予学生系统的科学文化知识、技能和发展他们的智力的教育。

22. 答：学科课程是指从各门科学中选择部分内容，组成各种不同的学科，彼此分离地安排它们教学顺序、教学时数和期限的课程。

23. 答：教学策略是指建立在一定理论基础之上，为实现某种教学目标而制定的教学实施总体方案。

24. 答：教学大纲是指以纲要的形式编定的有关学科教学内容的指导性文件。

25. 答：陶冶法是指通过创设良好的情境，潜移默化地培养学生品德的方法。

四、简答题

26. 答：（1）学校教育是一种有目的的培养人的活动，它规定着人的发展方向；（2）学校教育对人影响比较全面、系统和深刻；（3）学校有专门负责教育工作的教师，教育效率高、效果好。

27. 答：（1）教育预见能力；（2）教育传导能力；（3）教育过程控制的能力。

28. 答：（1）生存的权利；（2）受教育的权利；（3）受尊重的权利；（4）安全的权利。

29. 答：（1）家长的职业类别；（2）家长的文化程度；（3）家庭的经济状况；（4）家庭结构；（5）家庭的气氛；（6）家长对子女的期望水平。

30. 答：（1）以学生的全面主动发展作为课程目标的基本价值取向；（2）课程设计与编制结构化；（3）课程形式的多样化、个性化和综合化；（4）课程内容上科学教育与人文教育的结合。

31. 答：（1）道德认识的形成；（2）道德情感的培养；（3）道德意志的锻炼；（4）道德行为的训练。

五、论述题

32. 答：（1）了解学情；（2）制订计划，做好准备；（3）实施指导；（4）反馈控制。

33. 答：（1）依据学生的特点；（2）依据教师的特点；（3）依据教学大纲规定的教学进度和教学时间；（4）依据现代技术设备条件。

四川省高等教育自学考试
教育学（二）模拟试卷（二）

（课程代码 00442）

本试卷满分 100 分，考试时间 150 分钟。

总分		题号	一	二	三	四	五
核分人		题分	15	15	16	30	24
复查人		得分					

得 分	评卷人	复查人

一、单项选择题（本大题共 15 小题，每小题 1 分，共 15 分）

在每小题列出的四个备选项中只有一个是符合题目要求的，请将其代码填写在题中的括号内。错选、多选或未选均无分。

1. 中国古代学校课程要素的重点是（　　）。

A. 认知经验要素　　B. 道德经验要素

C. 审美经验要素　　D. 健身经验要素

2.. 20 世纪 60 年代美国的课程改革是（　　）。

A. 以“新三艺”为中心　　B. 以自然科学为中心

C. 以数学为中心　　D. 以社会科学为中心

3. 古代中国、埃及和希腊的学校大都采用（　　）。

A. 班级上课制　　B. 分组教学

C. 个别教学　　D. 导生制

4. 下列选项中，不属于古代教育的基本特征的是（　　）。

A. 生产性　　B. 狭隘性

C. 阶级性　　D. 等级性

5. 教学大纲和教科书的编排通常采取（　　）。

A. 直线式与圆周式　　B. 直线式与分支式

C. 圆周式与分支式　　D. 圆周式与螺旋式

6. 于 1966 年正式提出隐性课程的是（　　）。

A. 布鲁姆　　B. 杰克森

C. 斯金纳　　D. 班杜拉

7. “师者，人之模范也”所反映的教师的劳动特点是（　　）。

A. 示范性　　B. 复杂性

C. 广延性　　D. 协作性

8. 活动课程是（　　）。

A. 以教师的活动为中心　　B. 以学生的活动为中心

C. 以师生共同活动为中心　　D. 以书本学习为中心

9.《学记》中有“学不躐等”，这句话所体现的教学原则是（　　）。

A. 巩固性原则　　B. 启发性原则

C. 因材施教原则　　D. 循序渐进原则

10. 按照教学任务，参观可分为（　　）。

A. 生产性参观、历史文学性参观、科学性参观

B. 准备性参观、自然和科学性参观、总结性参观

C. 准备性参观、并行性参观、总结性参观

D. 生产性参观、并行性参观、总结性参观

11. 处于生理上的“急变期”的是（　　）。

A. 小学生　　B. 初中生

C. 高中生　　D. 大学

12. 学生学习知识要经历的四个阶段是（　　）。

A. 选择、定向、保持、应用　　B. 选择、领会、保持、应用

C. 定位、分解、保持、应用　　D. 领会、定位、熟练、应用

13. 人的整体素质赖以生成的基础是（　　）。

A. 生理素质　　B. 心理素质

C. 思想政治素质　　D. 交往素质

14. 中小学最常用的德育方法是（　　）。

A. 锻炼法　　B. 榜样示范法

C. 评价法　　D. 说服法

15. 课堂播放教学法有两种，它们分别是演播法和（　　）。

A. 现场直播法　　B. 录制播放法

C. 程序法　　D. 插播法

得 分	评卷人	复查人

二、名词解释题（本大题共 5 小题，每小题 3 分，共 15 分）

16. 德育

17. 课程

18. 教育目标

19. 教学策略

20. 陶冶法

得 分	评卷人	复查人

三、判断改错题（本大题共 4 小题，每小题 4 分，共 16 分）

判断下列各题划线处的正误，在题后的括号内，正确的划上"√"，错误的划上"×"，并改正错误。

21. 师生关系主要表现为工作关系、人际关系、组织关系、依赖关系和对抗关系。（　　）

22. 教学运行的基本环节包括备课、上课、归纳概括和复习。（　　）

23. 学科课程的优点是重视每门学科的逻辑性、系统性和完整性。（　　）

24. 隐性课程的三层结构是：物质—空间类、组织—结构类和文化—生理类。（　　）

得 分	评卷人	复查人

四、简答题（本大题共 6 小题，每小题 5 分，共 30 分）

25. 简述素质教育的特点。

26. 简述家庭教育的功能。

27. 简述教师的能力结构。

28. 简述学习方法指导的方式。

29. 简述学生的本质属性。

30. 简述学校教育在人的发展中的作用。

得 分	评卷人	复查人

五、论述题（本大题共 2 小题，每小题 12 分，共 24 分）

31. 试述课程现代化的基本特点。

32. 试述教学方法选择的衡量标准。

四川省高等教育自学考试
教育学（二）模拟试卷（二）
参考答案

（课程代码　00442）

一、单项选择题

1. B　2. A　3. C　4. A　5. A　6. B　7. A　8. B　9. D
10. C　11. B　12. B　13. A　14. D　15. D

二、名词解释题

16. 答：德育是指培养学生品德的教育。

17. 答：课程是指教学和学生各种学习活动的总体规划及其进程。

18. 答：教育目标是教育目的在各级各类学校教育中的具体化。

19. 答：教学策略是指建立在一定理论基础之上，为实现某种教学目标而制定的教学实施总体方案。

20. 答：陶冶法是指通过创设良好的情境，潜移默化地培养学生品德的方法。

三、判断改错题

21. （×）

“依赖关系”和“对抗关系”改为“心理关系”和“非正式关系”。

22. （×）

“归纳概括”和“复习”改为“课后辅导”和“评价”。

23. （√）

24. （×）

“组织—结构类”和“文化—生理类”改为“组织—制度类”和“文化—心

理类”。

四、简答题

25. 答：（1）整体性；（2）基础性；（3）内化性；（4）综合性。

26. 答：（1）教导生活技能；（2）教导社会规范；（3）指导生活目标；（4）培养社会角色；（5）形成个人性格特征。

27. 答：（1）教育预见能力；（2）教育传导能力；（3）教育过程控制的能力。

28. 答：（1）系统传授式；（2）专题讨论式；（3）学科渗透式；（4）学习诊断式；（5）经验交流式。

29. 答：（1）学生是人；（2）学生是发展中的人；（3）学生是一个完整的人；（4）学生是以学习为主要任务的人。

30. 答：（1）学校教育是一种有目的的培养人的活动，它规定着人的发展方向；（2）学校教育对人影响比较全面、系统和深刻；（3）学校有专门负责教育工作的教师。

五、论述题

31. 答：（1）重视课内容的理论化、综合化；（2）强调知识的系统化、结构化；（3）重视智力开发；（4）重视个别差异；（5）加强课程与社会生活、生产实际的联系；（6）重视课程的文化内涵。

32. 答：

教学方法选择的依据为：

（1）选择的教学方法是否符合学生特点、教师特点、教学大纲的规定，是否采用了现代化设备；（2）选择的教学方法是否能维持学生的注意与兴趣；（3）分析教师用什么方法解决妨碍、干扰教与学的智力问题和情趣问题；（4）选择的教学方法是否能给学生带来满足感；（5）维持课堂纪律是实施教学方法的重要前提。

四川省高等教育自学考试
教育学（二）模拟试卷（三）

（课程代码　00442）

本试卷满分100分，考试时间150分钟。

总分		题号	一	二	三	四	五
核分人		题分	15	15	16	30	24
复查人		得分					

得 分	评卷人	复查人

一、单项选择题（本大题共15小题，每小题1分，共15分）

在每小题列出的四个备选项中只有一个是符合题目要求的，请将其代码填写在题中的括号内。错选、多选或未选均无分。

1. 把大班、小班、和个人三种教学形式结合起来的是（　　）。

A. 特朗普制　　B. 导生制

C. 活动课时制　　D. 培根制

2. 中小学最常见的德育方法是（　　）。

A. 锻炼法　　B. 评价法

C. 陶冶法　　D. 说服法

3. 师生之间为完成一定的教育任务而产生的关系是（　　）。

A. 工作关系　　B. 人际关系

C. 组织关系　　D. 心理关系

4. 品德的基础是（　　）。

A. 道德行为　　B. 道德认识

C. 道德情感　　D. 道德意志

5. 我国中小学课程中的技艺类学科是指（　　）。

A. 体育、艺术类与技能类　　B. 语文、数学、外语

C. 社会科学与体育　　D. 自然科学与艺术

6. 中国分科教学最早始于（　　）。

A. 朱熹　　B. 老子

C. 荀子　　D. 孔子

7. 教师所表现出来的最突出的角色是（　　）。

A.“朋友”角色　　B.“研究者”角色

C.“教员”角色　　D.“父母”角色

8. 在西方，苏格拉底的启发式教学法被称为（　　）。

A.“引导术”　　B.“产婆术”

C.“启发术”　　D.“诱导术”

9. 课堂播放教学法有两种，它们分别是演播法和（　　）。

A. 程序法　　B. 插播法

C. 现场直播法　　D. 录制播放法

10. 可使学生在较短时间内获得较多的系统连贯的知识的方法是（　　）。

A. 讲授法　　B. 谈话法

C. 读书指导牵法　　D. 实验法

11. 我国班级上课制最早始于（　　）。

A. 唐代　　B. 宋代

C. 明代　　D. 清代

12. 道尔顿制的措施是（　　）。

A. 教师系统地向学生讲授教材　　B. 教师不再向学生系统讲授教材

C. 教师按能力把学生分成小组　　D. 学生学习任务和内容相同

13. 在受教育者的整个素质结构中占据着统治地位的素质是（　　）。

A. 文化素质　　B. 生理素质

C. 思想政治素质　　D. 交往素质

14. 中国古代学校课程要素的重点是（　　）。

A. 审美经验要素　　B. 健身经验要素

C. 认知经验要素　　D. 道德经验要素

15. 20 世纪 60 年代美国课程改革是（　　）。

A. 以社会科学为中心　　B. 以自然科学为中心

C. 以“新三艺”为中心　　D. 以数学为中心

得 分	评卷人	复查人

二、名词解释题（本大题共 5 小题，每小题 3 分，共 15 分）

16. 智育

17. 隐性课程

18. 教学设计

19. 教学原则

20. 发现法

得分	评卷人	复查人

三、判断改错题（本大题共4小题，每小题4分，共16分）

判断下列各题划线处的正误，在题后的括号内，正确的划上“√”，错误的划上“×”，并改正错误。

21. 远古教育的原始性具体表现为非独立性、贫乏性、和阶级性。（　　）

22. 一般教学方法的实施具有五个步骤：引起动机、呈现教材、举例说明、检查复习和布置作业。（　　）

23. 人的身心发展的规律有顺序性、阶段性、平衡性和个别差异性。（　　）

24. 民主型师生关系的主要特征有教师对学生不严格要求、教师尊重学生、课堂气氛活跃、教学效果良好。（　　）

得分	评卷人	复查人

四、简答题（本大题共6小题，每小题5分，共30分）

25. 简述我国课程改革的趋势。

26. 简述教师的知识结构。

27. 简述教师选择教学方法的依据。

28. 简述青少年儿童的合法权利。

29. 简述素质教育的目标。

30. 简述教育与社会物质生产的关系。

得 分	评卷人	复查人

五、论述题（本大题共 2 小题，每小题 12 分，共 24 分）

31. 试述学习方法指导的过程。

32. 试述家庭因素对教育的影响。

四川省高等教育自学考试
教育学（二）模拟试卷（三）
参考答案

（课程代码　00442）

一、单项选择题

1. A　2. D　3. A　4. B　5. A　6. B　7. C　8. B　9. B
10. A　11. D　12. B　13. C　14. D　15. C

二、名词解释题

16. 答：智育是指授予学生系统的科学文化知识、技能和发展学生的智力的教育。

17. 答：隐性课程是指学校通过教育环境有意或无意地传递给学生的非公开性的教育影响。

18. 答：教学设计是指研究教学系统、教学过程和制订教学计划的系统方法。

19. 答：教学原则是有效进行教学必须遵循的基本要求。

20. 答：发现法是指学生在教师的指引下，通过独立的探索，创造性地解决问题，获取知识和发展能力的方法。

三、判断改错题

21. （×）

“阶级性”改为“无阶级性”。

22. （×）

“检查复习”改为“归纳概括”。

23. （×）

“平衡性”改为“不平衡性”。

24.（×）

“教师对学生不严格要求”改为“教师对学生严格要求”。

四、简答题

25. 答：（1）以学生的全面主动发展作为课程目标的基本价值取向；（2）课程设计与编制结构化；（3）课程形式的多样化、个性化和综合化；（4）在课程内容上，科学教育与人文教育的结合。

26. 答：（1）通晓所教的学科和专业；（2）具有比较广泛的基础文化知识；（3）掌握教育科学理论、懂得教育规律。

27. 答：（1）依据学生的特点；（2）依据教师的特点；（3）依据教学大纲规定的教学进度和教学时间；（4）依据现代技术设备条件。

28. 答：（1）生存的权利；（2）受教育的权利；（3）受尊重的权利；（4）安全的权利。

29. 答：（1）思想政治素质与道德素质目标；（2）文化素质目标；（3）生理素质与心理素质目标；（4）审美素质与劳动素质目标；（5）交往素质目标。

30. 答：（1）社会物质生产为教育的发展提供了物质基础；（2）社会物质生产的发展对教育不断提出新的需求；（3）教育是实现劳动力和生产中所必需的各种人员“再生产”的重要手段；（4）教育是加速现代社会物质生产技术更新的有利因素。

五、论述题

31. 答：（1）了解学情；（2）制订计划，做好准备；（3）实施指导；（4）反馈控制。

32. 答：（1）家长职业的类别；（2）家长的文化程度；（3）家庭的经济状况；（4）家庭结构；（5）家庭的气氛；（6）家长对子女的期待水平。

四川省高等教育自学考试
教育学（二）模拟试卷（四）

（课程代码　00442）

本试卷满分 100 分，考试时间 150 分钟。

总分		题号	一	二	三	四	五
核分人		题分	20	10	15	30	25
复查人		得分					

得 分	评卷人	复查人

一、单项选择题（本大题共 20 小题，每小题 1 分，共 20 分）

在每小题列出的四个备选项中只有一个是符合题目要求的，请将其代码填写在题中的括号内。错选、多选或未选均无分。

1. “教育能够干什么”是（　　）。

A. 教育的目的　　B. 教育的属性

C. 教育的功能　　D. 教育的效应

2. 现代社会生产力的水平和性质决定着教育的发展水平和性质，教育的（　　）功能日益被重视，并逐渐成为教育的主要功能。

A. 政治　　B. 社会

C. 文化　　D. 经济

3. 教育活动控制包括对学生的控制、对情境的控制及（　　）。

A. 对家长的控制　　B. 对自己的控制

C. 对课本的控制　　D. 对大纲的控制

4. 教育目标体系的第三个层次是（　　）。

A. 单元目标　　B. 课程目标

C. 教育目标　　D. 教育目的

5. 课程的表现形式为（　　）。

A. 教学计划、教学大纲、教材

B. 课程总目标、领域目标、学科目标

C. 课程目的、课程评价、课程实施

D. 知识、经验、活动

6. 对未成年人的信件，任何组织和个人不得隐匿、毁弃，这属于青少年（　　）。

A. 安全的权利　　B. 生存的权利

C. 受尊重的权利　　D. 受教育的权利

7. 教育要适应人的身心发展的顺序性，做到（　　）。

A. 因材施教　　B. 抓关键期

C. 长善救失　　D. 循序渐进

8. 一般说来，在学校、家庭和社会三个方面的协同和配合中，应起主导作用的是（　　）。

A. 家庭　　B. 社会

C. 学生　　D. 学校

9. 教学计划的中心问题是（　　）。

A. 学科设置　　B. 学科顺序

C. 课时分配　　D. 学年编制和学周安排

10. 教师对学生进行授业、传道、解惑和评定学业，所依据的基本宗旨是（　　）。

A. 教材　　B. 考试

C. 管理　　D. 学生

11. 《学记》提出的“道而弗牵，强而弗抑，开而弗达”的观点，体现的教学原则是（　　）。

A. 巩固性原则　　B. 启发性原则

C. 因材施教原则　　D. 循序渐进原则

12. 既是学习的结果又是学习的原因的是（　　）。

A. 练习　　B. 发现

C. 评价和态度　　D. 动机

13. 教学过程是一个促进学生发展的过程，发展主要是指（　　）。

A. 身心发展　　B. 知识积累

C. 身体素质的提高　　D. 情感意志品质的发展

14. 学生的非认知心理因素包括（　　）。

A. 身体的健康　　B. 知识、智力等

C. 情感、兴趣、态度等　　D. 能力和技能技巧

15. 在教学中，教师由浅入深、由易到难、由简到繁，引导学生扎扎实实地掌握知识和技能，这是贯彻（　　）。

A. 因材施教原则　　B. 循序渐进原则

C. 启发性原则　　D. 巩固性原则

16. 教学过程中最基本的一种关系是（　　）。

A. 学生与学生之间的关系

B. 学校与社区之间的关系

C. 教师与校长的关系

D. 教师与学生这两个主体之间的关系

17. （　　）不属于学生知识学习的阶段。

A. 选择阶段　　B. 领会阶段

C. 熟练阶段　　D. 应用阶段

18. 学习方法指导经常采用且效果较好的一种方式是（　　）。

A. 专题讨论式　　B. 学科渗透式

C. 学习诊断式　　D. 经验交流式

19. （　　）不属于应试教育的特点。

A. 构建以学科知识系统为中心的教育体系

B. 培养少数高分的书生型人才

C. 以教师为中心，学生成为加工对象

D. 不求人人升学，但求个个成才

20. 为达到德育目的，运用教育手段进行的教育者和受教育者相互作用的活动方式的总和是（　　）。

A. 德育途径　　B. 德育原则

C. 教育方法　　D. 德育模式

得 分	评卷人	复查人

二、多项选择题（本大题共5小题，每小题2分，共10分）

在每小题列出的五个备选项中至少有两个是符合题目要求的，请将其代码填写在题中的括号内。错选、多选、少选或未选均无分。

21. 素质教育的目标可以分解为（　　）。

A. 道德素质目标　　B. 生理素质目标

C. 心理素质目标　　D. 审美素质目标

E. 交往素质目标

22. 共产主义道德的基本规范有（　　）。

A. 克己奉公，助人为乐　　B. 毫不利己，专门利人

C. 舍己救人，自觉献身　　D. 钻研业务，提高技能

E. 遵纪守法，廉洁奉公

23. 根据使用的主要教学方法，课可以分为（　　）。

A. 单一课　　B. 演示课

C. 讲授课　　D. 练习课

E. 复习课

24. 隐性课程在实际教学中应注意的事项包括（　　）。

A. 发挥教师在实施隐性课程中的作用

B. 创造良好的社会环境

C. 明确隐性课程的目标

D. 克服隐性课程中的消极因素

E. 通过活动培养学生的参与意识

25. 教育情境可以利用文字、音像等多种方式表示教育行为的诸多因素的运行，其中主要因素有（　　）。

A. 教师　　B. 学生

C. 教育中介　　D. 实施教育的过程

E. 实施教育的时间、地点

得 分	评卷人	复查人

三、名词解释题（本大题共5小题，每小题3分，共15分）

26. 素质教育

27. 教学设计

28. 智育

29. 教学原则

30. 隐性课程

得 分	评卷人	复查人

四、简答题（本大题共5小题，每小题6分，共30分）

31. 简述教师的学生观的三个层次。

32. 简述教育情境的介入对教育学研究产生的影响。

33. 简述当前教师在教学目标叙写上的几种情况。

34. 简述教学策略的分类。

35. 素质教育主要有哪些特点？

得 分	评卷人	复查人

五、论述题（本大题共 2 小题，第 36 小题 13 分，第 37 小题 12 分，共 25 分）

36. 教育如何才能适应个体发展的规律?

37. 试述加涅提出的教学过程的要素。

四川省高等教育自学考试
教育学（二）模拟试卷（四）
参考答案

（课程代码 00442）

一、单项选择题

1. C	2. D	3. B	4. B	5. A	6. C	7. D	8. D	9. A
10. A	11. B	12. D	13. A	14. C	15. B	16. D	17. C	18. B
19. D	20. C							

二、多项选择题

21. ABCDE　22. ABC　23. BCDE　24. ABCDE　25. ABCDE

三、名词解释题

26. 答：素质教育是指教育者对新一代素质按现代化需要实现开发、完善、提高和再创造的过程。

27. 答：教学设计是指研究教学系统、教学过程和制订教学计划的系统方法。

28. 答：智育是指授予学生系统的科学文化知识、技能和发展他们的智力的教育。

29. 答：教学原则是有效进行教学必须遵循的基本要求。

30. 答：隐性课程是指学校通过教育环境有意或无意地传递给学生非公开性的影响。

四、简答题

31. 答：（1）观念、法制水准的学生观，即原则的学生观。这种学生观念相当于“应当怎样培养学生”之类的目标的规定。

（2）一般水准的学生观，即在接触学生时具体反映出来的学生观。教师在这个基础上做出管理学生的方法的选择与开发。

（3）具体学生观，即教师心底对每个学生的印象、想法或期待的学生观，这是真实的学生观。

32. 答：（1）深化理论学习；（2）典型示范引导；（3）逼真的模拟训练；（4）知识转化技能；（5）理论联系实际。

33. 答：（1）用教育目标代替；（2）含糊的教学目标；（3）明确的行为目标。

34. 答：（1）先行组织者策略；（2）概念形成策略；（3）认知发展策略；（4）随机管理策略；（5）自我管理策略；（6）行为练习策略。

35. 答：（1）整体性；（2）基础性；（3）内化性；（4）综合性。

五、论述题

36. 答：（1）要适应人的身心发展的顺序性。儿童的心理发展顺序是：先发展形象思维，后发展抽象逻辑思维；先发展机械记忆，后发展意义记忆；先有高兴、恐惧等一般情感，然后才有理智感、道德感等。

（2）要适应人的身心发展的阶段性。人在婴儿期、幼儿期、童年期、少年期、青年初期等各个不同年龄阶段，无论是在生理心理上，还是在行为方式上，都有很大差别，但又是前后连续的。

（3）要适应人的身心发展的不平衡性。人的身心发展的不平衡性表现在两个方面：①身心某一方面在不同年龄阶段的发展是不平衡的；②身心不同方面的发展的不平衡性。

（4）要适应人的身心发展的个别差异性。根据人的发展的个别差异性的特点，教育者应当深入了解学生，掌握学生的个性特点，做到有的放矢、因材施教、长善救失，使每个学生都能最大限度地获得发展。

37. 答：

加涅认为，教学过程包括以下九个要素：

（1）引起学生注意。

引起学生注意是教学过程中的首要因素。要引起学生对学业的注意，教师通常有如下做法：①激发学生的求知欲；②变化教学情境；③结合学生的经验，引导学生从已知到未知，即教学内容应从学生的实际知识出发，进而转入讲解的主题。

（2）提出教学目标。

教师在引起学生注意之后，接着应对学生提出教学目标。教学目标的提出，是让学生在学习之前在心理上有所准备，了解将要学习什么和怎样进行学习。教师的教学目标，实际上就是学生的学习目标。学生有了目标之后，就可以避免在学习中迷失方向。

（3）唤起已有经验。

在提出教学目标使学生在心理上形成学习新知识的准备之后，教师进一步要做的工作是唤起学生的与学习新知识有关的已有经验。任何新知识的学习，必须以已有的知识为基础。

（4）提供教材内容。

教师向学生提供教材内容，从教师方面来说，就是教会学生学习，从学生方面来说，就是将他短时记忆的知识与长时记忆的知识相结合，从而学到新知识，并将新知识输入长时记忆中存储起来。因此，以教材为中介所构成的教师的教与学生的学始终是相互作用的，这是整个教学过程的核心。

（5）指导学生学习。

（6）注意学习表现。

（7）适时给予反馈。

（8）评定学习结果。

这是指当一节课结束之后对学生学习结果的评定。这种评定通常不用测试的方式进行，而主要是靠教师在结束教课时，凭自己的教学经验，来评定学生的学习效果。

（9）加强记忆与学习迁移指导。

教师教学生学习新知识，是教他运用记忆的规律来掌握所学知识，并将所学得的概念、原理、原则应用到实际中去，使学生获得举一反三的能力，收到学习迁移的效果。

四川省高等教育自学考试
教育学（二）模拟试卷（五）

（课程代码 00442）

本试卷满分 100 分，考试时间 150 分钟。

总分		题号	一	二	三	四	五
核分人		题分	15	10	15	36	24
复查人		得分					

得 分	评卷人	复查人

一、单项选择题（本大题共 15 小题，每小题 1 分，共 15 分）

在每小题列出的四个备选项中只有一个是符合题目要求的，请将其代码填写在题中的括号内。错选、多选或未选均无分。

1. 现代教育的基本特征是（　　）。

A. 无阶级性　　B. 等级性

C. 体力劳动与脑力劳动分离　　D. 生产性

2. 学校教育既要考虑给学生一个健康的体魄，也要重视给学生一个美好的心灵，这就要求教师必须承担（　　）。

A. “领导者”角色　　B. “心理医生”角色

C. “父母”角色　　D. “榜样”角色

3. 把大班上课、小班研究和个别教学结合在一起的教学组织形式是（　　）。

A. 道尔顿制　　B. 分组教学

C. 特朗普制　　D. 设计教学法

4. 校风和班风属于隐性课程的（　　）。

A. 物质—空间类　　B. 组织—制度类

C. 文化—心理类　　D. 心理—空间类

5. 构成课程的三种基本成分是（　　）。

A. 课程目标、课程内容和学习活动的方式

B. 工具类学科、知识类学科和技艺类学科

C. 语文、数学和外语

D. 必修课、选修课和活动课

6. 学科课程的优点是（　　）。

A. 重视知识的系统性　　B. 重视联系学生的生活实际

C. 重视学生的兴趣和需要　　D. 关心学习进程

7. “不愤不启，不悱不发”的提出者是（　　）。

A. 孔子　　B. 孟子

C. 荀子　　D. 墨子

8.《学记》中的“不陵节而施”所体现的教学原则是（　　）。

A. 因材施教原则　　B. 循序渐进原则

C. 巩固性原则　　D. 启发性原则

9. 学生在教师指导下反复多次完成某些动作或活动方式的教学方法是（　　）。

A. 实验法　　B. 讨论法

C. 读书指导法　　D. 练习法

10. 根据一节课所完成任务的数量，课可以分为（　　）。

A. 讲授课和演示课　　B. 练习课和复习课

C. 单一课和综合课　　D. 技能课和检查课

11. 古代中国、埃及和希腊的学校大都采用（　　）。

A. 个别教学　　B. 分组教学

C. 班级上课　　D. 道尔顿制

12. 动作技能的形成要经历四个阶段，其中属于这四个阶段的是（　　）。

A. 选择阶段　　B. 领会阶段

C. 定位阶段　　D. 应用阶段

13. 初中学生思维发展的特点是（　　）。

A. 具体形象思维逐步占主要地位
B. 具体形象思维不起重要作用
C. 由具体思维向抽象思维过渡
D. 处在一个发展的稳定期

14. 个体的主观能动性在人的发展中起（　　）。

A. 物质基础作用
B. 动力的作用
C. 主导的作用
D. 客观条件的作用

15. 在教师引导下学生经过自觉学习、自我反思和自我行为调节，使自身品德不断完善的德育方法是（　　）。

A. 说服法
B. 锻炼法
C. 修养法
D. 陶冶法

得 分	评卷人	复查人

二、多项选择题（本大题共 5 小题，每小题 2 分，共 10 分）

在每小题列出的五个备选项中至少有两个是符合题目要求的，请将其代码填写在题中的括号内。错选、多选、少选或未选均无分。

16. 我国普通中小学的教育目的包括（　　）。

A. 体育
B. 智育
C. 德育
D. 美育
E. 劳动技术教育

17. 民主型师生关系的主要特征包括（　　）。

A. 教师对学生没有严格要求
B. 教师尊重学生
C. 学生主动自觉进行学习
D. 情绪热烈、和谐
E. 学生对学习采取自由态度

18. 课堂播放教学法包括（　　）。

A. 程序法
B. 演播法
C. 现场直播法
D. 录制播放法
E. 插播法

19. 教学计划的基本内容包括（　　）。

A. 教材内容
B. 课时分配
C. 学科顺序
D. 学科设置
E. 学年编制

20. 综合课的结构包括（   ）。

A. 组织教学　　B. 检查复习

C. 讲授新课　　D. 巩固新课

E. 布置作业

得 分	评卷人	复查人

三、名词解释题（本大题共 5 小题，每小题 3 分，共 15 分）

21. 美育

22. 活动课程

23. 发现法

24. 教学原则

25. 陶冶法

得 分	评卷人	复查人

四、简答题（本大题共 6 小题，每小题6 分，共 36 分）

26. 简述教育与文化的关系。

27. 简述我国中小学的德育原则。

28. 简述学习方法指导的过程。

29. 简述课程现代化的基本特点。

30. 简述青少年儿童的合法权利。

31. 简述教师劳动的特点。

得 分	评卷人	复查人

五、论述题（本大题共 2 小题，每小题 12 分，共 24 分）

32. 试述教学与发展相互制约相互促进的规律。

33. 试述学校与社会教育机构联系的内容和方式。

四川省高等教育自学考试
教育学（二）模拟试卷（五）
参考答案

（课程代码　00442）

一、单项选择题

1. D　2. B　3. C　4. C　5. A　6. A　7. A　8. B　9. D
10. C　11. A　12. C　13. C　14. B　15. C

二、多项选择题

16. ABCDE　17. BCD　18. BE　19. BCDE　20. ABCDE

三、名词解释题

21. 答：美育是指培养学生正确的审美观，发展他们的鉴赏美、创造美的能力，培养他们的高尚情操和文明素质的教育。

22. 答：活动课程是侧重于学生直接经验的一种课程形式。

23. 答：发现法是指学生在教师的指引下通过独立的探索，创造性地解决问题，获取知识和发展能力的方法。

24. 答：教学原则是有效进行教学必须遵循的基本要求。

25. 答：陶冶法是指通过创造良好的情境，潜移默化地培养学生品德的方法。

四、简答题

26. 答：（1）文化影响教育的目的、内容和方法；（2）教育是文化延续和更新的必不可少的手段；（3）教育有利于普及文化；（4）教育有利于交流、整合不同类型的文化。

27. 答：（1）理论和实践相结合原则；（2）疏导原则；（3）发扬积极因素、克服消极因素原则；（4）严格要求与尊重学生相结合的原则；（5）因材施教原则和在集体中教育原则；（6）教育影响一致性和连贯性原则。

28. 答：（1）了解学情；（2）制订计划；（3）实施指导；（4）反馈控制。

29. 答：（1）重视课程内容的理论化和综合化；（2）强调知识的系统化、结构化；（3）重视智力开发；（4）重视个别差异；（5）加强课程与社会生活、生产实际的联系；（6）重视课程的文化内涵。

30. 答：（1）生存的权利；（2）受教育的权利；（3）受尊重的权利；（4）安全的权利。

31. 答：（1）复杂性和示范性；（2）创造性和长期性；（3）广延性、连续性和隐含性；（4）科学性、艺术性和协作性。

五、论述题

32. 答：

这里所说的发展具有三个方面的含义：（1）是指身体方面的发展；（2）是指智力方面的发展；（3）是指非认知心理因素的发展。教学受制于学生的发展水平，教学与发展可以相互促进。

33. 答：

学校与社会教育机构联系的内容和方式有：

（1）建立学校、家庭、社会三结合的校外教育组织，使学校与学生主要居住区之间形成稳定的联系。

（2）学校系统与宣传部门建立联系，共同开展一些对学生有益的活动。

（3）学校与社会公共文化机构建立和保持经常性的联系。

（4）学校与社会专门性的社会教育机构建立稳定的联系。

（5）学校有选择地与有关工矿、企业、村镇、部队等建立联系。

最后需要指出的是，在我国，家庭、学校和社会的根本利益是一致的，这为家庭、学校和社会相互支持和协作提供了良好的前提条件。一般来说，在三个方面的协同和配合中，学校应起主导作用。

四川省高等教育自学考试
教育学（二）模拟试卷（六）

（课程代码　00442）

本试卷满分 100 分，考试时间 150 分钟。

总分		题号	一	二	三	四	五
核分人		题分	15	10	15	36	24
复查人		得分					

得 分	评卷人	复查人

一、单项选择题（本大题共 15 小题，每小题 1 分，共 15 分）

在每小题列出的四个备选项中只有一个是符合题目要求的，请将其代码填写在题中的括号内。错选、多选或未选均无分。

1. 教师的教育素养转化为教育效果的中介和桥梁是（　　）。

A. 观摩　　B. 备课

C. 教育研究　　D. 上课

2. “师者，人之模范也”所反映的教师的劳动特点是（　　）。

A. 示范性　　B. 复杂性

C. 广延性　　D. 协作性

3. 处于生理上的“急变期”的是（　　）。

A. 小学生　　B. 初中生

C. 高中生　　D. 大学生

4. 下列选项中，不属于现代教育的基本特征的是（　　）。

A. 生产性　　B. 科学性

C. 发展性　　D. 等级性

5. 构成课程的三种基本成分是（　　）。

A. 认知经验要素、道德经验要素和健身经验要素

B. 课程目标、课程内容和学习活动方式

C. 语文、数学和外语

D. 必修课、选修课和社会活动

6. 活动课程的主要倡导者是（　　）。

A. 亚里士多德和柏拉图　　B. 斯宾塞和乌申斯基

C. 杜威和克伯屈　　D. 洛克和卢梭

7. 20 世纪 60 年代美国的课程改革是（　　）。

A. 以“新三艺”为中心　　B. 以自然科学为中心

C. 以数学为中心　　D. 以社会科学为中心

8. “一般发展”理论的提出者是（　　）。

A. 马卡连柯　　B. 加里宁

C. 凯洛夫　　D. 赞可夫

9. 《学记》中“道而弗牵，强而弗抑，开而弗达”所体现的教学原则是（　　）。

A. 巩固性原则　　B. 启发性原则

C. 可接受性原则　　D. 直观性原则

10. 按照教学任务，参观可分为（　　）。

A. 生产性参观、历史文学性参观、科学性参观

B. 准备性参观、自然和科学性参观、总结性参观

C. 准备性参观、并行性参观、总结性参观

D. 生产性参观、并行性参观、总结性参观

11. 中国采用班级上课制始于（　　）。

A. 唐代　　B. 宋代

C. 明代　　D. 清代

12. 动作技能的形成要经历的四个阶段是（　　）。

A. 定向、分解、定位、熟练　　B. 选择、领会、保持、应用

C. 定向、分解、保持、应用　　D. 选择、领会、定位、熟练

13. 在受教育者的整个素质结构中，占据着统治的或统帅的地位的是（　　）。

A. 文化素质　　B. 道德素质

C. 思想政治素质　　D. 交往素质

14. 下列选项中，不属于素质教育的特点的是（　　）。

A. 整体性　　B. 基础性

C. 单一性　　D. 内化性

15. 人的思想品德发展的根本动力是（　　）。

A. 环境的影响　　B. 自身的心理、思想的矛盾运动

C. 学校教育　　D. 家庭教育

得 分	评卷人	复查人

二、多项选择题（本大题共 5 小题，每小题 2 分，共 10 分）

在每小题列出的五个备选项中至少有两个是符合题目要求的，请将其代码填写在题中的括号内。错选、多选、少选或未选均无分。

16. 教育的基本要素包括（　　）。

A. 教育者　　B. 受教育者

C. 教育影响　　D. 教育目的

E. 教育制度

17. 教育与社会物质生产的关系主要表现为（　　）。

A. 教育完全脱离社会物质生产的制约

B. 社会物质生产的发展为教育的发展提供基础性条件

C. 社会物质生产的发展对教育不断提出新要求

D. 教育是生产中各种人员“再生产”的重要手段

E. 教育是加速现代社会物质生产技术更新的有利因素

18. 依赖型师生关系的主要特点包括（　　）。

A. 教师以领导者自居　　B. 学生采取服从态度

C. 师生之间感情平稳　　D. 教师包揽一切活动

E. 学生独立解决问题的能力差

19. 教学计划的组成部分包括（　　）。

A. 学科设置　　B. 学科顺序

C. 课时分配　　D. 学年编制和学周安排

E. 学科教学内容

20. 一般教学方法实施的步骤包括（　　）。

A. 引起动机　　B. 呈现教材

C. 举例说明　　D. 归纳概括

E. 布置作业

得 分	评卷人	复查人

三、名词解释题（本大题共 5 小题，每小题 3 分，共 15 分）

21. 体育

22. 活动课程

23. 教学方法

24. 教学设计

25. 修养法

得 分	评卷人	复查人

四、简答题（本大题共6小题，每小题6分，共36分）

26. 简述人的身心发展的规律。

27. 简述中国教师角色行为中的文化传统。

28. 简述青少年发展中的特殊问题。

29. 简述良好的家庭教育的基本条件。

30. 简述隐性课程的功能。

31. 简述学生教育的方法。

得 分	评卷人	复查人

五、论述题（本大题共 2 小题，每小题 12 分，共 24 分）

32. 试述学习方法指导的途径和方式。

33. 试述教学过程的基本功能。

四川省高等教育自学考试
教育学（二）模拟试卷（六）
参考答案

（课程代码　00442）

一、单项选择题

1. C　2. A　3. B　4. D　5. B　6. C　7. A　8. D　9. B
10. C　11. D　12. A　13. C　14. C　15. B

二、多项选择题

16. ABC　17. BCDE　18. ABCDE　19. ABCD　20. ABCDE

三、名词解释题

21. 答：体育是指授予学生健身知识、技能，发展他们的体力，增强他们的体质的教育。

22. 答：活动课程是侧重于学生直接经验的一种课程形式。

23. 答：教学方法是指为完成教学任务而采用的方法。

24. 答：教学设计是指研究教学系统、教学过程和制订教学计划的系统方法。

25. 答：修养法是指在教师引导下，学生经过自觉学习、自我反思和自我行为调节，使自身品德不断完善的一种重要方法。

四、简答题

26. 答：（1）顺序性；（2）阶段性；（3）不平衡性；（4）个别差异性。

27. 答：（1）道德追求大于社会索取；（2）社会本位高于个人本位；（3）自我修养先于对他人的教育。

28. 答：（1）身心失衡带来的困扰；（2）独立性与依赖性的矛盾；（3）同辈群体与父母价值观的冲突；（4）自我探索中的迷惑；（5）父母过高期望引起的压力。

29. 答：（1）父母的表率作用；（2）民主和睦的家庭气氛；（3）父母的文化修养；（4）正确的教育观点和方法。

30. 答：（1）陶冶功能；（2）育美功能；（3）益智功能；（4）健体功能。

31. 答：（1）说服教育；（2）榜样和示范；（3）锻炼；（4）修养；（5）陶冶；（6）评价。

五、论述题

32. 答：

（1）学习方法指导的途径大致有：教师的指导、学生之间的交流、家长或其他人员的指导。（2）学习方法指导的方式包括：①系统传授式；②专题讨论式；③学科渗透式；④学习诊断式；⑤经验交流式。

33. 答：（1）传授知识；（2）形成技能；（3）培养智能；（4）发展个性。

四川省高等教育自学考试
教育学（二）模拟试卷（七）

（课程代码　00442）

本试卷满分 100 分，考试时间 150 分钟。

总分		题号	一	二	三	四	五
核分人		题分	15	15	16	30	24
复查人		得分					

得 分	评卷人	复查人

一、单项选择题（本大题共 15 小题，每小题 1 分，共 15 分）

在每小题列出的四个备选项中只有一个是符合题目要求的，请将其代码填写在题中的括号内。错选、多选或未选均无分。

1. 人格 PAC 理论的提出者是（　　）。

A. 斯金纳　　B. 柏恩

C. 奥苏贝尔　　D. 班杜拉

2. “教学有法，但无定法”所体现的教师劳动特点是（　　）。

A. 创造性　　B. 艺术性

C. 科学性　　D. 复杂性

3. 师生之间为完成一定的教育任务而产生的关系是（　　）。

A. 工作关系　　B. 人际关系

C. 组织关系　　D. 心理关系

4. 下列选项中，属于古代教育的特征的是（　　）。

A. 非独立性　　B. 阶级性

C. 商品性　　D. 民主性

5. 我国中小学课程中的技艺类学科是指（　　）。

A. 体育、艺术类与技能类　　B. 语文、数学、外语

C. 社会科学与体育　　D. 自然科学与艺术

6. 中国分科教学最早始于（　　）。

A. 朱熹　　B. 老子

C. 荀子　　D. 孔子

7. 建立在一定理论基础之上，为实现某种教学目标而制订的教学实施总体方案是（　　）。

A. 教学方法　　B. 教学组织形式

C. 教学策略　　D. 教学原则

8. 在西方，苏格拉底的启发式教学法被称为（　　）。

A. “引导术”　　B. “产婆术”

C. “启发术”　　D. “诱导术”

9. 《学记》中“道而弗牵，强而弗抑，开而弗达”所体现的教学原则是（　　）。

A. 启发性原则　　B. 因材施教原则

C. 循序渐进原则　　D. 巩固性原则

10. 可使学生在较短时间内获得较多的系统连贯的知识的方法是（　　）。

A. 讲授法　　B. 谈话法

C. 读书指导法　　D. 实验法

11. 我国班级上课制最早始于（　　）。

A. 唐代　　B. 宋代

C. 明代　　D. 清代

12. 道尔顿制是（　　）。

A. 教师系统向学生讲授教材　　B. 教师不再向学生系统讲授教材

C. 教师按能力把学生分成小组　　D. 学生的学习任务和内容相同

13. 在受教育者的整个素质结构中占据着统治地位的是（　　）。

A. 文化素质　　B. 生理素质

C. 思想政治素质　　D. 交往素质

14. 在德育过程中引申出来的有关德育工作所必须遵循的基本要求是（　　）。

A. 德育规律　　B. 德育方法

C. 德育原则　　D. 德育任务

15. 我国中小学教学的基本组织形式是（　　）。

A. 个别教学　　B. 分组教学

C. 复式教学　　D. 班级上课制

得 分	评卷人	复查人

二、名词解释题（本大题共 5 小题，每小题 3 分，共 15 分）

16. 教育学

17. 显性课程

18. 课堂教学

19. 练习法

20. 美育

得 分	评卷人	复查人

三、判断改错题（本大题共 4 小题，每小题 4 分，共 16 分）

判断下列各题划线处的正误，在题后的括号内，正确的划上“√”，错误的划上“×”，并改正错误。

21. 教学计划的组成部分包括学科设置、学科顺序、<u>学科内容和学科方法</u>。

（　　）

22. 隐性课程的特点包括潜在性、预期性和统一性。（　　）

23. 品德评价的主要方式有奖励、惩罚和操行评定。（　　）

24. 教学的辅助形式包括作业、辅导、锻炼和实习。（　　）

得分	评卷人	复查人

四、简答题（本大题共 6 小题，每小题5 分，共 30 分）

25. 简述青少年儿童发展中的特殊问题。

26. 简述良好家庭教育的基本条件。

27. 简述我国中小学的德育原则。

28. 简述学习方法指导的基本要求。

29. 简述教师的知识结构。

30. 简述影响个体发展的主要因素。

得 分	评卷人	复查人

五、论述题（本大题共 2 小题，每小题 12 分，共 24 分）

31. 试述隐性课程的功能。

32. 试述影响课堂管理的因素。

四川省高等教育自学考试
教育学（二）模拟试卷（七）
参考答案

（课程代码　00442）

一、单项选择题

1. B　2. A　3. A　4. B　5. A　6. D　7. C　8. B　9. A
10. A　11. D　12. B　13. C　14. C　15. D

二、名词解释题

16. 答：教育学是研究教育事实和教育问题，揭示教育规律的一门科学。

17. 答：显性课程是指正式列入学校教学计划的各门学科，以及有目的、有组织的课外活动。

18. 答：课堂教学是指教师引导学生按照明确的目的、循序渐进地以掌握教材为主的一种教育活动。

19. 答：练习法是指学生在教师指导下反复多次完成某些动作或活动方式的教学方法。

20. 答：美育是指培养学生正确的审美观，发展他们的鉴赏美、创造美的能力的教育。

三、判断改错题

21. （×）

“学科内容”和“学科方法”改为“课时分配”和“学年编制和学周安排”。

22. （×）

“预期性”和“统一性”改为“非预期性”和“多样性”。

23. （√）

24. （×）

“锻炼”和“实习”改为“讲座”和“参观”。

四、简答题

25. 答：（1）身心失衡带来的困扰；（2）独立性与依赖性的矛盾；（3）同辈群体与父母价值观的冲突；（4）自我探索中的迷惑；（5）父母过高期望引起的压力。

26. 答：（1）父母的表率作用；（2）民主和睦的家庭气氛；（3）父母的文化修养；（4）正确的教育观点和方法。

27. 答：（1）理论和实践相结合的原则；（2）疏导原则；（3）发扬积极因素，克服消极因素原则；（4）严格要求与尊重学生相结合的原则；（5）因材施教原则；（6）在集体中教育原则与教育影响的一致性和连贯性原则。

28. 答：（1）学习方法指导要有整体观；（2）把学习方法指导的研究与研究学生结合起来；（3）激发学生学习的自觉性和主动性；（4）必须着眼于学生能力的培养。

29. 答：（1）通晓所教的学科和专业；（2）具有比较广泛的基础文化知识；（3）掌握教育科学理论。

30. 答：（1）遗传；（2）环境；（3）教育；（4）个体的主观能动性。

五、论述题

31. 答：

隐性课程的功能有：（1）陶冶功能；（2）育美功能；（3）益智功能；（4）健体功能。

32. 答：

影响课堂管理的因素有：（1）学校领导的管理方式；（2）学生的定型期望；（3）班集体的特点；（4）教师的行为方式。

四川省高等教育自学考试
教育学（二）模拟试卷（八）

（课程代码　00442）

本试卷满分 100 分，考试时间 150 分钟。

总分		题号	一	二	三	四	五
核分人		题分	20	10	15	30	25
复查人		得分					

得 分	评卷人	复查人

一、单项选择题（本大题共 20 小题，每小题 1 分，共 20 分）

在每小题列出的四个备选项中只有一个是符合题目要求的，请将其代码填写在题中的括号内。错选、多选或未选均无分。

1. 教育既要照顾到学生的现有发展水平，又要向学生不断提出高于其原有水平的要求，促进他们的发展，这是因为学生的身心发展具有（　　）。

A. 顺序性　　B. 阶段性

C. 不平衡性　　D. 个别差异性

2. 政治对教育作用的第三个手段是（　　）。

A. 法律

B. 通过一定的组织手段对教育实现控制

C. 行政

D. 通过政府、政党制定一系列方针、政策

3. 教育质量除了受人口增长率的影响外，还受（　　）。

A. 人口数量的影响　　B. 人口质量的影响

C. 人口优劣的影响　　D. 人口性别的影响

4. “十年树木，百年树人”这句话体现了教师劳动的（　　）。

A. 特殊的复杂性　　B. 劳动的协作性

C. 劳动量的隐含性　　D. 显效的长期性

5. 教师在教育实践中的主要对象是（　　）。

A. 家长　　B. 管理者

C. 教师　　D. 学生

6. （　　）人格结构，往往有明显的权威感和优越感，通常行为表现为统治人、训斥人以及带有权威式色彩。

A. 成人（A）态　　B. 父母（P）态

C. 儿童（C）态　　D. 青少年（D）态

7. 在个别交往的层次上，教师对学生的感情一般要经历（　　）阶段。

A. 生疏—熟悉—亲近—热爱　　B. 生疏—亲近—热爱—熟悉

C. 熟悉—生疏—热爱—亲近　　D. 热爱—亲近—生疏—熟悉

8. 师生间相互态度表现为教师简单、粗暴，学生畏服。这属于师生关系类型中的（　　）。

A. 民主型　　B. 依赖型

C. 自由放任型　　D. 对立型

9. 学生家长以某种组织的形式直接参加学校教育工作，这种学校与家庭联系的方式是（　　）。

A. 召开家长会　　B. 举办家长学校

C. 组建家长委员会　　D. 通信联系

10. 编写教科书和教师进行教学的主要依据是（　　）。

A. 教学计划　　B. 教学大纲

C. 教学设计　　D. 教学方法

11. 在西方，最早主张分科教学的是（　　）。

A. 亚里士多德　　B. 夸美纽斯

C. 杰克森　　D. 杜威

12. 构成课程的三种基本成分是（　　）。

A. 课程目标、课程内容和学习活动的方式

B. 课程目标、课程计划和课本

C. 课程目标、课程内容和课程标准

D. 课程内容和学习活动的方式

13.（ ）属于班级中“中性力量”的表现。

A. 干扰同学　　B. 睡觉，鼾声雷动

C. 积极参与课堂讨论　　D. 静坐在座位上，但不听讲

14. 把实物、教具展示给学生观察，或通过示范性实验使学生掌握知识的方法称为（ ）。

A. 讲授法　　B. 实验法

C. 参观法　　D. 演示法

15.（ ）的特点是由学生完成比较复杂的课题或独立作业。

A. 练习法　　B. 发现法

C. 参观法　　D. 实验实习法

16. “直接教学”又称（ ）。

A. 概念形成策略　　B. 认知发展策略

C. 行为练习策略　　D. 发展性教学策略

17. 提出“范例教学”思想的是（ ）。

A. 布鲁纳　　B. 赞可夫

C. 杜威　　D. 根舍因

18. “通过集体、在集体中和为了集体”体现的德育原则是（ ）。

A. 因材施教原则　　B. 在集体中教育原则

C. 疏导原则　　D. 教育影响一致性和连贯性原则

19. 中国采用班级上课制始于 1862 年于北京开办的（ ）。

A. 京师大学堂　　B. 京师同文馆

C. 北京大学　　D. 清华大学

20. 教师对学生最常用的一种教育方法是（ ）。

A. 惩罚　　B. 陶冶

C. 人格感化　　D. 说服教育

得 分	评卷人	复查人

二、多项选择题（本大题共 5 小题，每小题 2 分，共 10 分）

在每小题列出的五个备选项中至少有两个是符合题目要求的，请将其代码填写在题中的括号内。错选、多选、少选或未选均无分。

21. 素质教育的特点包括（　　）。

A. 素质教育必须整体化

B. 为每个学生的发展打好基础

C. 把外在的影响内化为学生的内在具有

D. 涉及家庭、学校与社会及学生个人等综合影响因素

E. 学校升学率高

22. 教师对学生的情感特征包括（　　）。

A. 社会性　　B. 普遍性

C. 稳定性　　D. 依赖性

E. 信任性

23. 教学设计包括（　　）。

A. 教学目标　　B. 教学策略

C. 教学媒体　　D. 教学实施

E. 教学评价

24. 教学过程的基本功能主要有（　　）。

A. 形成技能　　B. 传授知识

C. 培养智能　　D. 开拓视界

E. 发展个性

25. 下列选项中属于传统教育好的方面的有（　　）。

A. 教育适应学生的年龄特征　　B. 强调教师的主导作用

C. 注重传授系统的科学知识　　D. 提倡班级授课制

E. 忽视因材施教和课外教育

得 分	评卷人	复查人

三、名词解释题（本大题共 5 小题，每小题 3 分，共 15 分）

26. 家庭的气氛

27. 个体社会化

28. 隐性课程

29. 循序渐进原则

30. 道德行为

得 分	评卷人	复查人

四、简答题（本大题共 5 小题，每小题6 分，共 30 分）

31. 简述父母态人格结构的教师在教学行为上的表现。

32. 简述社会物质生产对教育的作用。

33. 简述课程现代化的基本特点。

34. 简述现代教学技术的功能。

35. 教学中怎样激发学生学习的自觉性、主动性?

得 分	评卷人	复查人

五、论述题（本大题共 2 小题，第 36 小题 13 分，第 37 小题 12 分，共 25 分）

36. 试述学校与社会教育机构联系的内容和方式。

37. 论述知识学习的过程。

四川省高等教育自学考试
教育学（二）模拟试卷（八）
参考答案

（课程代码 00442）

一、单项选择题

1. B 2. A 3. B 4. D 5. D 6. B 7. A 8. D 9. C
10. B 11. A 12. A 13. D 14. D 15. B 16. C 17. D 18. B
19. B 20. D

二、多项选择题

21. ABCD 22. ABC 23. ABCE 24. ABCE 25. ABCD

三、名词解释题

26. 答：家庭的气氛指的是家庭成员在经常状态下占优势的、一般的态度和感受，是家庭生活中的一个非自然的主观因素。

27. 答：个体社会化反映着个体与社会的一种关系，它是指个体适应社会的要求，在与社会的交互作用过程中，通过学习与内化社会文化而胜任社会所期待、承担的角色，并相应地发展自己的个性的过程。

28. 答：隐性课程，又称“非正式课程”“潜在课程”“隐蔽课程”，与显性课程相对，是指学校通过教育环境（物质的、文化的和社会关系结构的）有意或无意地传递给学生的非公开性的教育影响。

29. 答：循序渐进原则是指教学要按照学科的逻辑系统和学生认识发展的顺序进行，使学生系统地掌握基础知识、基本技能，形成严密的逻辑思维能力。这个原则又称系统性原则。

30. 答：道德行为是人在一定的道德意识的支配下表现出来的对待他人和社会的有道德意义的活动。它是人的道德认识的外在具体表现，是实现道德动机的手段，它是对人的品德做评价的客观依据。

四、简答题

31. 答：(1) 父母态人格结构的教师主张教师主导学习环境，以教师的权威为中心，有明显的师生界限；

(2) 父母态人格结构的教师在教学上十分注重基本技能和基础知识；

(3) 父母态人格结构的教师在学生观上，认为学生是“孩子”，强调指令行为；

(4) 父母态人格结构的教师在课堂上，教学知识精确、清楚，处理问题意志坚强，为人坦率；

(5) 父母态人格结构的教师在处理与外部关系上，对学生有明显的监护作用，关心学生，能保护集体的利益，常有“护犊”现象；

32. 答：(1) 社会物质生产的发展为教育的发展提供了基础条件。社会物质生产的发展为教育的发展提供了人力与时间、物力和财力。这都是教育事业发展不可缺少的基础性条件。

(2) 社会物质生产的发展对教育不断提出新的需求。教育作为社会延续和发展的工具，必然要适应社会发展的需要，其中，首先是适应社会物质生产发展的需要。历史向我们呈现的总趋势是社会物质生产水平越高，对教育提出的需求也越高。物质生产的发展成为推动教育发展的根本动力。

33. 答：(1) 重视课程内容的理论化、综合化。

(2) 强调知识的系统化、结构化。

(3) 重视智力开发与学习能力培养和个性发展。

(4) 重视个别差异。

(5) 加强课程与社会生活、生产实际的联系，实施综合技术教育。

(6) 重视课程的文化内涵，将对民族传统文化的继承与加强国际交流相结合。

34. 答：(1) 它能不受时间、空间、微观、宏观的限制，将教学内容中所涉及的别的事物、现象、过程全部再现于课堂，让学生通过事物的形、声、色、变化和发展等，去获取知识、认识世界，而不是通过信息的抽象、事物的符号去获取知识；

（2）它能提供代替的经验，使抽象概念半具体化；

（3）它能促进学生智能发展，提高学生所掌握知识和能力的水平，并能更好地适应学生的个别差异和不同水平；

（4）它能提高教学效率；

（5）它能提高信息的增值率，扩大教学规模。

35. 答：要激发学生学习的自觉性与主动性，教师应注意以下几点：

（1）明确学习的目的要求，激发学生学习的兴趣，使之产生一种需要感；

（2）要让学生看到自己通过努力学习所获得的进步，使之产生一种积极的情绪体验，坚定自己能够学好的自信心；

（3）学习要有一定的难度；

（4）引导学生正确评定自己的学习成绩，发现学习中的问题，明确下一步努力的方向和行动目标，进一步提高学习的自觉性和责任感。

五、论述题

36. 答：

学生与社会教育机构联系的内容和方式有：

（1）建立学校、家庭、社会三结合的校外教育组织，使学校与学生主要居住区之间形成稳定的联系；

（2）学校系统与宣传部门建立联系，共同开展一些对学生有益的活动；

（3）学校与社会公共文化机构建立和保持经常性的联系；

（4）学校与社会专门性的社会教育机构建立稳定的联系；

（5）学校有选择地与有关工矿、企业、村镇、部队等建立联系；

最后需要指出的是，在我国，家庭、学校和社会的根本利益是一致的，这为家庭、学校和社会相互支持和协作提供了良好的前提条件。一般来说，在三个方面的协同和配合中，学校应起主导作用。

37. 答：学生的知识学习是掌握前人总结与概括起来的经验的过程，它是学生学习的主要任务和主要活动。从学生在教学系统中对一类事物的实际认识过程出发，我们可以将学生知识学习的过程分为选择、领会、保持、应用四个阶段。

（1）选择阶段。这个阶段是学习知识的定向阶段，关键在于激发学生学习知识的积极性。这时，学生所获得的知识属于感性认识，他们对教材的意义尚未真正理解；

（2）领会阶段。这个阶段是在知觉教材的基础上进行领会和理解。领会概念是领会知识的核心，因为学生学习知识，主要是准确掌握概念及由概念组成的思想体系；

（3）保持阶段。在理解、领会之后，知识的学习就进入记忆储存的阶段。保持和遗忘总是联系在一起的，为了保持知识，就要研究记忆的基本环节和遗忘规律，采取合理的记忆方法，与遗忘现象做斗争；

（4）应用阶段。应用知识既是学生领会或保持知识的经验，也是学生对知识的理解和巩固进一步深化的环节，同时还是促进学生知识迁移的主要途径。知识的应用必须根据教学的需要、学生心理发展的水平和实际可能加以采用。

第二部分
考前冲刺模拟试卷

四川省高等教育自学考试
教育学（二）
考前冲刺模拟试卷（一）

（课程代码　00442）

本试卷满分 100 分，考试时间 150 分钟。

总分		题号	一	二	三	四	五
核分人		题分	15	10	15	36	24
复查人		得分					

得 分	评卷人	复查人

一、单项选择题（本大题共 15 小题，每小题 1 分，共 15 分）

在每小题列出的四个备选项中只有一个是符合题目要求的，请将其代码填写在题中的括号内。错选、多选或未选均无分。

1. 教师所表现出来的最突出的角色是（　　）。

A. “父母”角色　　B. “教员”角色

C. “管理者”角色　　D. “朋友”角色

2. “一把钥匙开一把锁”所体现的教师的劳动特点是（　　）。

A. 复杂性　　B. 长期性

C. 间接性　　D. 创造性

3. 初中阶段被称为（　　）。

A. 学龄初期　　B. 学龄中期

C. 学龄晚期　　D. 学龄后期

4. 下列选项中，属于现代教育的特征的是（　　）。

A. 非独立性　　B. 等级性

C. 体力劳动与脑力劳动分离　　D. 商品性

5. 构成课程的三种基本成分是（　　）。

A. 选修课、活动课和社会活动

B. 道德经验要素、审美经验要素和健身经验要素

C. 课程目标、课程内容、学习活动的方式

D. 语文、数学、外语

6. 核心课程是（　　）。

A. 以教师为核心　　B. 以学生为核心

C. 以书本为核心　　D. 以问题为核心

7. “学科结构论”的提出者是（　　）。

A. 布卢姆　　B. 布鲁纳

C. 杜威　　D. 拉伊

8. “一般发展”理论的提出者是（　　）。

A. 赞可夫　　B. 凯洛夫

C. 巴班斯基　　D. 维果茨基

9. “产婆术”的提出者是（　　）。

A. 苏格拉底　　B. 昆体良

C. 夸美纽斯　　D. 柏拉图

10. 按练习的内容，练习可分为心理技能练习、动作技能练习和（　　）。

A. 预备性练习　　B. 训练性练习

C. 创造性练习　　D. 文明行为习惯练习

11. 把大班、小班和个人三种教学形式结合起来的是（　　）。

A. 道尔顿制　　B. 活动课时制

C. 特朗普制　　D. 导生制

12. 动作技能的形成要经历（　　）。

A. 定向、分解、保持、应用四个阶段

B. 领会、分解、保持、应用四个阶段

C. 定向、分解、定位、熟练四个阶段

D. 定位、保持、定位、应用四个阶段

13. 最早提出“在集体中教育原则”的是（　　）。

A. 马卡连柯　　B. 克鲁普斯卡娅

C. 赞可夫　　D. 加里宁

14. 品德的基础是（　　）。

A. 道德意志　　B. 道德情感

C. 道德行为　　D. 道德认识

15. 中小学最常见的德育方法是（　　）。

A. 榜样示范法　　B. 说服法

C. 评价法　　D. 锻炼法

得 分	评卷人	复查人

二、名词解释题（本大题共 5 小题，每小题 3 分，共 15 分）

16. 素质教育

17. 教学设计

18. 智育

19. 教学原则

20. 隐性课程

得 分	评卷人	复查人

三、判断改错题（本大题共4小题，每小题4分，共16分）

判断下列各题划线处的正误，在“答题卡”的试题序号后，正确的划上“√”；错误的划上“×”，并改正错误。

21. 我国目前中小学存在的师生关系类型主要有对立型、依赖型、组织型和非正式型。（　　）

22. 一般教学方法的实施具有五个步骤：引起动机、呈现教材、举例说明、检查与复习和布置作业。（　　）

23. 惩罚的形式一般分为批评、谴责、训导和处分两大类。（　　）

24. 教育影响包括教育媒体、教育内容、教育手段、<u>教育目的</u>和教育环境。

（ ）

得 分	评卷人	复查人

四、简答题（本大题共6小题，每小题5分，共30分）

25. 简述学生教育的方法。

26. 简述人的身心发展的规律。

27. 简述影响教育的家庭因素。

28. 简述学习方法指导的过程。

29. 简述中国教师角色行为中的文化传统。

30. 简述青少年儿童的合法权利。

得分	评卷人	复查人

五、论述题（本大题共2小题，每小题12分，共24分）

31. 试述我国课程改革的发展趋势。

32. 试述教师选择教学方法的依据。

四川省高等教育自学考试
教育学（二）
考前冲刺模拟试卷（一）
参考答案

（课程代码　00442）

一、单项选择题

1. B　2. D　3. B　4. D　5. C　6. D　7. B　8. A　9. A
10. D　11. C　12. C　13. A　14. D　15. B

二、名词解释题

16. 答：素质教育是指教育者对新一代素质按现代化需要实现开发、完善、提高和再创造的过程。

17. 答：教学设计是指研究教学系统、教学过程和制订教学计划的系统方法。

18. 答：智育是指授予学生系统的科学文化知识、技能和发展他们的智力的教育。

19. 答：教学原则是有效进行教学必须遵循的基本要求。

20. 答：隐性课程是指学校通过教育环境有意或无意地传递给学生非公开性的影响。

三、判断改错题

21. （×）

"组织型"和"非正式型"改为"放任自由型"和"民主型"。

22. （×）

“检查复习”改为“归纳概括”。

23. （√）

24. （×）

“教育目的”改为“教育活动方式方法”。

四、简答题

25. 答：（1）说服教育；

（2）榜样和示范；

（3）锻炼；

（4）修养；

（5）陶冶；

（6）评价。

26. 答：（1）顺序性；

（2）阶段性；

（3）不平衡性；

（4）个别差异性。

27. 答：（1）家长的职业类别；

（2）家长的文化程度；

（3）家庭的经济状况；

（4）家庭结构；

（5）家庭的气氛；

（6）家长对子女的期望水平。

28. 答：（1）了解学情；

（2）制订计划，做好准备；

（3）实施指导；

（4）反馈控制。

29. 答：（1）道德追求大于社会索取；

（2）社会本位高于个人本位；

（3）自我修养先于对他人的教育。

30. 答：（1）生存的权利；

（2）受教育的权利；

（3）受尊重的权利；

（4）安全的权利。

五、论述题

31. 答：（1）以学生的全面主动发展作为课程目标的基本价值取向；

（2）课程设计与编制结构化；

（3）课程形式的多样化、个性化和综合化；

（4）在课程内容上，科学教育与人文教育的结合。

32. 答：（1）依据学生的特点；

（2）依据教师的特点；

（3）依据教学大纲规定的教学进度和教学时间；

（4）依据现代技术设备条件。

四川省高等教育自学考试
教育学（二）
考前冲刺模拟试卷（二）

（课程代码　00442）

本试卷满分100分，考试时间150分钟。

总分		题号	一	二	三	四	五
核分人		题分	15	15	16	30	24
复查人		得分					

得 分	评卷人	复查人

一、单项选择题（本大题共15小题，每小题1分，共15分）

在每小题列出的四个备选项中只有一个是符合题目要求的，请将其代码填写在题中的括号内。错选、多选或未选均无分。

1. “既要考虑给予学生一个健康的体魄，也要重视给予学生一个美好的心灵”，这句话所体现的教师角色是（　　）。

A. “榜样”角色　　B. “心理医生”角色

C. “管理者”角色　　D. “父母”角色

2. “教有法，而无定法”，这句话体现的教师的劳动特点是（　　）。

A. 复杂性　　B. 长期性

C. 间接性　　D. 创造性

3. 初中生思维发展的特点是（　　）。

A. 具体形象思维向抽象思维过渡

B. 具体思维不起作用

C. 没有抽象思维

D. 已完成向理论型抽象思维的转化

4. 下列选项中，属于古代教育的特征的是（　　）。

A. 民主性　　B. 平等性

C. 体力劳动与脑力劳动分离　　D. 商品性

5. 从结构上，我国中小学课程的“四个板块”是（　　）。

A. 必修课、选修课、活动课和社会活动

B. 认知经验要素、道德经验要素、审美经验要素和健身经验要素

C. 社会科学、自然科学、体育类和艺术类

D. 语文、数学、外语和体育

6. 核心课程是（　　）。

A. 以教师为核心　　B. 以学生为核心

C. 以书本为核心　　D. 以问题为核心

7. “学科结构论”的提出者是（　　）。

A. 布卢姆　　B. 布鲁纳

C. 杜威　　D. 拉伊

8. “最近发展区”理论的提出者是（　　）。

A. 苏霍姆林斯基　　B. 凯洛夫

C. 巴班斯基　　D. 维果茨基

9. “不愤不启，不悱不发”的提出者是（　　）。

A. 孔子　　B. 孟子

C. 荀子　　D. 老子

10. 按练习目的，练习可分为预备性练习、训练性练习和（　　）。

A. 心理技能练习　　B. 动作技能练习

C. 创造性练习　　D. 文明行为习惯练习

11. 把大班、小班和个人三种教学形式结合起来的是（　　）。

A. 道尔顿制　　B. 特朗普制

C. 活动课时制　　D. 导生制

12. 学生知识学习的过程分为（　　）。

A. 选择、领会、保持、应用四个阶段

B. 选择、分解、保持、应用四个阶段

C. 定向、分解、保持、应用四个阶段

D. 领会、保持、定位、应用四个阶段

13. 最早提出“在集体中教育原则”的是（　　）。

A. 加里宁　　B. 克鲁普斯卡娅

C. 赞可夫　　D. 马卡连柯

14. 品德的培养（　　）。

A. 以知为开端　　B. 以情为开端

C. 以行为开端　　D. 可以有多种开端

15. 自我修养的最高境界是（　　）。

A. 自我批评　　B. 慎独

C. 学习　　D. 立志

得 分	评卷人	复查人

二、多项选择题（本大题共5小题，每小题2分，共10分）

在每小题列出的五个备选项中至少有两个是符合题目要求的，请将其选出。错选、多选、少选或未选均无分。

16. 我国社会主义教育目的的基本特点包括（　　）。

A. 以马克思主义关于人的全面发展学说为理论基础

B. 以儒家思想为理论基础

C. 鲜明地提出培养人的政治方向

D. 主张人的全面发展与个性发展的统一

E. 把个性发展放在一个非常次要的位置

17. 政治要决定教育的（　　）。

A. 领导权　　B. 教育目标

C. 教育内容　　D. 国家教育制度

E. 学校教育制度

18. 青少年发展中的特殊问题包括（　　）。

A. 自我探索的缺失　　B. 父母过高期望引起的压力

C. 独立性与依赖性的矛盾　　D. 同辈群体与父母价值观的冲突

E. 身心发展的平衡

19. 隐性课程的主要特点包括（　　）。

A. 潜在性
B. 非预期性
C. 有害性
D. 多样性
E. 逆反性

20. 教学运行的基本环节包括（　　）。

A. 备课
B. 引起动机
C. 上课
D. 课后辅导
E. 评价

得 分	评卷人	复查人

三、名词解释题（本大题共5小题，每小题3分，共15分）

21. 德育

22. 课程

23. 课堂教学

24. 教学计划

25. 素质教育

得 分	评卷人	复查人

四、简答题（本大题共6小题，每小题6分，共36分）

26. 简述影响个体发展的主要因素。

27. 简述教师的知识结构。

28. 简述学生的本质属性。

29. 简述家庭教育的功能。

30. 简述课程现代化的基本特点。

31. 简述素质教育的特点。

得 分	评卷人	复查人

五、论述题（本大题共 2 小题，每小题 12 分，共 24 分）

32. 试述学习方法指导的基本要求。

33. 试述教和学相互依存的规律。

四川省高等教育自学考试
教育学（二）
考前冲刺模拟试卷（二）
参考答案

（课程代码　00442）

一、单项选择题

1. B　2. D　3. A　4. C　5. A　6. D　7. B　8. D　9. A
10. C　11. B　12. A　13. D　14. D　15. B

二、多项选择题

16. ACD　17. ABCDE　18. BCD　19. ABD　20. ACDE

三、名词解释题

21. 答：德育是指引导学生领悟社会主义思想政治观点和道德规范，组织和指导学生的道德实践，培养学生的社会主义品德的教育。

22. 答：课程是课堂教学、课外学习以及自学活动的内容纲要和目标体系，是教学和学生各种学习活动的总体规划及其进程。

23. 答：课堂教学是指教师引导学生按明确的目的、循序渐进地以掌握教材为主的一种教育活动。

24. 答：教学计划是指由教育主管部门制定的有关学校教学教育工作的指导性文件。

25. 答：素质教育是指教育者对新一代素质按现代化需要实现开发、完善、提高和再创造的过程。

四、简答题

26. 答：（1）遗传；
（2）环境；
（3）教育；
（4）个体的主观能动性。
27. 答：（1）通晓所教的学科和专业；
（2）具有比较广泛的基础文化知识；
（3）掌握教育科学理论。
28. 答：（1）学生是人；
（2）学生是发展中的人；
（3）学生是一个完整的人；
（4）学生是以学习为主要任务的人。
29. 答：（1）教导生活技能；
（2）教导社会规范；
（3）指导生活目标；
（4）培养社会角色；
（5）形成个人性格特征。
30. 答：（1）重视课内容的理论化、综合化；
（2）强调知识的系统化、结构化；
（3）重视智力开发；
（4）重视个别差异；
（5）加强课程与社会生活、生产实际的联系；
（6）重视课程的文化内涵。
31. 答：（1）整体性；
（2）基础性；
（3）内化性；
（4）综合性。

五、论述题

32. 答：（1）学习方法指导要有整体观；

（2）把学习方法指导的研究与研究学生结合起来；

（3）激发学生学习的自觉性和主动性；

（4）必须着眼于学生能力的培养。

33. 答：（1）教和学相互依存，缺一不可，它们之间既相矛盾又相统一；

（2）教师是教育的主体；

（3）学生是学习的主体；

（4）教师总是起着主导的作用；

（5）教师是所教内容的已知者，肩负着社会的委托；

（6）教学任务的确定、教学内容和方法的安排等都要由教师决定。

四川省高等教育自学考试
教育学（二）
考前冲刺模拟试卷（三）

（课程代码　00442）

本试卷满分100分，考试时间150分钟。

总分		题号	一	二	三	四	五
核分人		题分	15	15	16	30	24
复查人		得分					

得 分	评卷人	复查人

一、单项选择题（本大题共15小题，每小题1分，共15分）

在每小题列出的四个备选项中只有一个是符合题目要求的，请将其代码填写在题中的括号内。错选、多选或未选均无分。

1. 建立在一定理论基础之上，为实现某种教学目标而制订的教学实施总体方案是（　　）。

A. 教学原则　　B. 教学策略

C. 教学任务　　D. 教学组织形式

2. 在德育过程中引申出来的有关德育工作必须遵循的基本要求是（　　）。

A. 德育原则　　B. 德育规律

C. 德育方法　　D. 德育目标

3. 古代中国、埃及和希腊的学校大都采用（　　）。

A. 班级上课制　　B. 分组教学

C. 个别教学　　D. 导生制

4. “一把钥匙开一把锁”，这句话体现的教师劳动特点是（　　）。

A. 示范性　　B. 创造性

C. 复杂性　　D. 间接性

5. 教学大纲和教科书的编排通常采取（　　）。

A. 直线式与圆周式　　B. 直线式与分支式

C. 圆周式与分支式　　D. 圆周式与螺旋式

6. 于 1966 年正式提出隐性课程的是（　　）。

A. 布鲁姆　　B. 杰克森

C. 斯金纳　　D. 班杜拉

7. “师者，人之模范也”所反映的教师的劳动特点是（　　）。

A. 示范性　　B. 复杂性

C. 广延性　　D. 协作性

8. 基础教育的核心问题是（　　）。

A. 德育的问题　　B. 智育的问题

C. 体育的问题　　D. 素质教育的问题

9. 《学记》中有“学不躐等”，这句话所体现的教学原则是（　　）。

A. 巩固性原则　　B. 启发性原则

C. 因材施教原则　　D. 循序渐进原则

10. 按照教学任务，参观可分为（　　）。

A. 生产性参观、历史文学性参观、科学性参观

B. 准备性参观、自然和科学性参观、总结性参观

C. 准备性参观、并行性参观、总结性参观

D. 生产性参观、并行性参观、总结性参观

11. 处于生理上的“激变期”的是（　　）。

A. 小学生　　B. 初中生

C. 高中生　　D. 大学生

12. 学生学习知识要经历的四个阶段是（　　）。

A. 选择、定向、保持、应用　　B. 选择、领会、保持、应用

C. 定位、分解、保持、应用　　D. 领会、定位、熟练、应用

13. 修养的最高境界是（　　）。

A. 自我批评　　B. 立志

C. 慎独　　　　D. 座右铭

14. “学科结构论”的提出者是（　　）。

A. 杜威　　　　B. 拉伊

C. 布卢姆　　　　D. 布鲁纳

15. 人格 PAC 理论的提出者是（　　）。

A. 柏恩　　　　B. 班杜拉

C. 奥苏贝尔　　　　D. 斯金纳

得 分	评卷人	复查人

二、名词解释题（本大题共 5 小题，每小题 3 分，共 15 分）

16. 美育

17. 显性课程

18. 教学大纲

19. 练习法

20. 陶冶法

得 分	评卷人	复查人

三、判断改错题（本大题共4小题，每小题4分，共16分）

判断下列各题划线处的正误，在“答题卡”的试题序号后，正确的划上“√”；错误的划上“×”，并改正错误。

21. 古代教育的特征有阶级性、等级性、体力劳动与脑力劳动结合。（ ）

22. 我国目前中小学存在的师生关系类型主要有对立型、依赖型、组织型和非正式型。（ ）

23. 教学的辅助形式有作业、辅导、实验和实习。（ ）

24. 学生教育的方法有说服教育、锻炼、榜样和示范、讨论、读书指导和演示。（　　）

得 分	评卷人	复查人

四、简答题（本大题共6小题，每小题5分，共30分）

25. 简述学生的本质属性。

26. 简述中国教师角色行为中的文化传统。

27. 简述学生品德形成的过程。

28. 简述影响课堂管理的因素。

29. 简述隐性课程的功能。

30. 简述教育对文化的作用。

得 分	评卷人	复查人

五、论述题（本大题共 2 小题，每小题 12 分，共 24 分）

31. 试述学习方法指导的基本要求。

32. 试述良好的家庭教育的基本条件。

四川省高等教育自学考试
教育学（二）
考前冲刺模拟试卷（三）
参考答案

（课程代码　00442）

一、单项选择题

1. B　2. A　3. C　4. B　5. A　6. B　7. A　8. D　9. D
10. C　11. B　12. B　13. C　14. D　15. A

二、名词解释题

16. 答：美育是指培养学生正确的审美观，发展他们的鉴赏美、创造美的能力，培养他们的高尚情操和文明素质的教育。

17. 答：显性课程是指正式列入学校教学计划的各门学科，以及有目的、有组织的课外活动。

18. 答：教学大纲是指以纲要的形式编定的有关学科教学内容的指导性文件。

19. 答：练习法是指学生在教师指导下，反复多次完成某些动作或活动方式的教学方法。

20. 答：陶冶法是指通过创设良好的情境，潜移默化地培养学生品德的方法。

三、判断改错题

21. （×）

“体力劳动与脑力劳动结合”改为“体力劳动与脑力劳动分离”。

22. （×）

“组织型和非正式型”改为“放任自由型和民主型”。

23.（×）

“实验和实习”改为“讲座和参观”。

24.（×）

“讨论、读书指导和演示”改为“修养、陶冶和评价”。

四、简答题

25. 答：（1）学生是人；

（2）学生是发展中的人；

（3）学生是一个完整的人；

（4）学生是以学习为主要任务的人。

26. 答：（1）道德追求大于社会索取；

（2）社会本位高于个人本位；

（3）自我修养先于对他人教育。

27. 答：（1）道德认识的形成、道德情感的培养、道德意志的锻炼和道德行为的训练；

（2）一般是从知开始，沿着知、情、意、行的顺序进行；

（3）这并不是一个固定的模式；

（4）品德的培养可以以任何一个环节为开端。

28. 答：（1）学校领导的管理方式；

（2）学生的定型期望；

（3）班集体的特点；

（4）教师的行为方式。

29. 答：（1）陶冶功能；

（2）育美功能；

（3）益智功能；

（4）健体功能。

30. 答：（1）教育是文化延续和更新的必不可少的手段；

（2）教育是文化普及的重要手段；

（3）教育具有交流、整合不同类型文化的作用。

五、论述题

31. 答：（1）学习方法指导要有整体观；

（2）把学习方法指导的研究与研究学生结合起来；

（3）激发学生学习的自觉性、主动性；

（4）学习方法指导，必须着眼于学生能力的培养。

32. 答：（1）父母的表率作用；

（2）民主和睦的家庭气氛；

（3）父母的文化修养；

（4）正确的教育观点和方法。

第三部分
近年自考试题汇编

四川省 2018 年 4 月高等教育自学考试教育学（二）试卷

（课程代码　00442）

1. 本试卷分为两个部分：第一部分为选择题，第二部分为非选择题。

2. 应考者必须按试题顺序在答题卡指定位置上作答，答在试卷上无效。

3. 涂写部分、画图部分必须使用 2B 铅笔，书写部分必须使用黑色字迹签字笔。

第一部分　选择题

一、单项选择题（本大题共 15 小题，每小题 1 分，共 15 分）

在每小题列出的备选项中只有一个是符合题目要求的，请将其选出。错选、多选或未选均无分。

1. 中国分科教学最早始于（　　）。

A. 荀子　　B. 孔子

C. 朱熹　　D. 老子

2. 《学记》中有“道而弗牵，强而弗抑，开而弗达”，这句话所体现的教学原则是（　　）。

A. 巩固性原则　　B. 启发性原则

C. 因材施教原则　　D. 循序渐进原则

3. 初中阶段被称为（　　）。

A. 学龄初期　　B. 学龄中期

C. 学龄晚期　　D. 学龄后期

4. 我国中小学教学的基本组织形式是（　　）。

A. 复式教学　　B. 个别教学

C. 班级上课制　　D. 分组教学

5. 构成课程的三种基本成分是（　　）。

A. 选修课、活动课和社会活动

B. 道德经验要素、审美经验要素和健身经验要素

C. 课程目标、课程内容、学习活动的方式

D. 语文、数学、外语

6. 核心课程是（　　）。

A. 以教师为核心　　B. 以学生为核心

C. 以书本为核心　　D. 以问题为核心

7. “教学有法，但无定法”，这句话所体现的教师劳动特点是（　　）。

A. 复杂性　　B. 科学性

C. 创造性　　D. 艺术性

8. “一般发展”理论的提出者是（　　）。

A. 赞可夫　　B. 凯洛夫

C. 巴班斯基　　D. 维果茨基

9. “产婆术”的提出者是（　　）。

A. 苏格拉底　　B. 昆体良

C. 夸美纽斯　　D. 柏拉图

10. 按练习的内容，练习可分为心理技能练习、动作技能练习和（　　）。

A. 预备性练习　　B. 训练性练习

C. 创造性练习　　D. 文明行为习惯练习

11. 人的整体素质赖以生成的基础是（　　）。

A. 思想政治素质　　B. 交往素质

C. 生理素质　　D. 心理素质

12. 动作技能的形成要经历（　　）。

A. 定向、分解、保持、应用四个阶段

B. 领会、分解、保持、应用四个阶段

C. 定向、分解、定位、熟练四个阶段

D. 定位、保持、领会、应用四个阶段

13. 最早提出“在集体中教育原则”的是（　　）。

A. 马卡连柯　　B. 克鲁普斯卡娅

C. 赞可夫　　D. 加里宁

14. 按照教学任务，参观可分为（　　）。

A. 生产性参观、并行性参观、总结性参观

B. 生产性参观、历史性参观、总结性参观

C. 准备性参观、科学性参观、总结性参观

D. 准备性参观、并行性参观、总结性参观

15. 活动课程是（　　）。

A. 以学生的活动为中心　　B. 以书本学习为中心

C. 以教师活动为中心　　D. 以师生共同活动为中心

第二部分　非选择题

二、名词解释题（本大题共 5 小题，每小题 3 分，共 15 分）

16. 德育

17. 教学策略

18. 课程

19. 教学计划

20. 课堂教学

三、判断改错题（本大题共4小题，每小题4分，共16分）

判断下列各题划线处的正误，在“答题卡”的试题序号后，正确的划上“√”；错误的划上“×”，并改正错误。

21. 素质教育的特点有整体性、基础性、内化性和单一性。（　　）

22. 教学运行的基本环节有备课、上课、归纳概括和复习。（　　）

23. 隐性课程的特点有潜在性、非预期性和单一性。（　　）

24. 现代教育的基本特征有：商品性、生产性、民主性、<u>发展性和科学性</u>。

(　　)

四、简答题（本大题共 5 小题，每小题 6 分，共 30 分）

25. 简述教育对政治的作用。

26. 简述教师的能力结构。

27. 简述教学方法选择的衡量标准。

28. 简述课程现代化的基本特点。

29. 简述我国中小学的德育原则。

五、论述题（本大题共2小题，每小题12分，共24分）

30. 试述学习方法指导的途径和方式。

31. 试述家庭的教育功能。

四川省 2018 年 4 月高等教育自学考试
教育学（二）试卷参考答案

（课程代码　00442）

一、单项选择题

1. B　2. B　3. B　4. C　5. C　6. D　7. C　8. A　9. A
10. D　11. C　12. C　13. A　14. D　15. A

二、名词解释题

16. 答：德育是指培养学生品德的教育。

17. 答：教学策略是指建立在一定理论基础之上，为实现某种教学目标而制订的教学实施总体方案。

18. 答：课程是指教学和学生各种学习活动的总体规划及其进程。

19. 答：教学计划是指由教育主管部门制定的有关学校教学教育工作的指导性文件。

20. 答：课堂教学是教师引导学生按照明确的目的，循序渐进地以掌握教材为主的一种教育活动。

三、判断改错题

21. （×）（2 分）

"单一性" 改为 "综合性"。

22. （×）（2 分）

"归纳概括和复习" 改为 "课后辅导和评价"。

23. （×）（2 分）

"统一性" 改为 "多样性"。

24.（√）（4 分）

四、简答题

25. 答：（1）宣传一定的政治观点、方针、政策等（2 分）；

（2）组织学生直接参加社会政治活动（2 分）；

（3）实现对受教育者的阶级或阶层的选拔（1 分）；

（4）培养合格的公民和政治人才（1 分）。

26. 答：（1）教育预见能力（2 分）；

（2）教育传导能力（2 分）；

（3）教育过程控制的能力（2 分）。

27. 答：（1）选择的教学方法是否符合学生特点、教师特点、教学大纲的规定，是否采用了现代化设备（2 分）；

（2）选择的教学方法是否能维持学生的注意与兴趣（1 分）；

（3）分析教师用什么方法解决妨碍、干扰教与学的智力问题和情趣问题（1 分）；

（4）选择的教学方法是否能给学生带来满足感（1 分）；

（5）维持课堂纪律是实施教学方法的重要前提（1 分）。

28. 答：（1）重视课程内容的理论化、综合化以及知识的系统化和结构化（2 分）；

（2）重视智力开发与学习能力的培养和个性发展（1 分）；

（3）重视个别差异（1 分）；

（4）加强课程与生活、生产实际的联系（1 分）；

（5）重视课程的文化内涵、本民族文化传统的继承和对国际化的了解与交流（1 分）。

29. 答：（1）理论和实践相结合原则与疏导原则（2 分）；

（2）发扬积极因素、克服消极因素原则（1 分）；

（3）严格要求与尊重学生相结合原则（1 分）；

（4）因材施教原则与在集体中教育原则（1 分）；

（5）教育影响一致性和连贯性原则（1 分）。

五、论述题

30. 答：学习方法指导的途径有：（1）教师的指导（1 分）；
（2）学生之间的交流（1 分）；
（3）家长或其他人员的指导（1 分）。
学习方法指导的方式主要有：（1）系统传授式（1 分）；
（2）专题讨论式（1 分）；
（3）学科渗透式（1 分）；
（4）学习诊断式（1 分）；
（5）经验交流式（1 分）。
（阐述酌情给 1~4 分）

31. 答：（1）在教导基本生活技能方面起重要作用（2 分）；
（2）在教导社会规范、形成道德情操方面起重要作用（2 分）；
（3）在指导生活目标、形成个人理想和志趣方面起重要作用（2 分）；
（4）在培养社会角色过程中也具有独特的作用（2 分）；
（5）在形成个人性格特征方面有不可替代的影响（1 分）。
（阐述酌情给 1~3 分）

四川省2018年10月高等教育自学考试
教育学（二）试卷

（课程代码　00442）

1. 本试卷分为两个部分：第一部分为选择题，第二部分为非选择题。

2. 应考者必须按试题顺序在答题卡指定位置上作答，答在试卷上无效。

3. 涂写部分、画图部分必须使用2B铅笔，书写部分必须使用黑色字迹签字笔。

第一部分　选择题

一、单项选择题（本大题共15小题，每小题1分，共15分）

在每小题列出的备选项中只有一个是符合题目要求的，请将其选出。错选、多选或未选均无分。

1. 中国古代学校的课程要素（　　）。

A. 以认知经验要素为重点　　B. 以道德经验要素为重点

C. 以审美经验要素为重点　　D. 以健身经验要素为重点

2. 在西方，最早主张分科教学的是（　　）。

A. 苏格拉底　　B. 柏拉图

C. 昆体良　　D. 亚里士多德

3. 隐性课程的最早提出者是（　　）。

A. 夸美纽斯　　B. 赫尔巴特

C. 杰克森　　D. 卢梭

4. 研究教学系统、教学过程和制订教学计划的系统方法是（　　）。

A. 教学设计　　B. 教学策略

C. 教学原则　　D. 教学方法

5. “最近发展区”理论的提出者是（　　）。

A. 乌申斯基　　B. 凯洛夫

C. 加里宁　　D. 维果茨基

6. “道而弗牵，强而弗抑，开而弗达”出自（　　）。

A.《论语》　　B.《学记》

C.《大学》　　D.《中庸》

7. “学不躐等”这句话所体现的教学原则是（　　）。

A. 循序渐进原则　　B. 因材施教原则

C. 直观性原则　　D. 巩固性原则

8. 课堂播放教学法主要有两种，它们是演播法和（　　）。

A. 直播法　　B. 录播法

C. 插播法　　D. 程序法

9. 教育影响是教师对学生施加影响的（　　）。

A. 桥梁　　B. 中介

C. 依据　　D. 手段

10. 按照马克思主义观点，实现人的全面发展的唯一方法是（　　）。

A. 教育与政治相结合　　B. 教育与文化相结合

C. 教育与科学技术相结合　　D. 教育与生产劳动相结合

11. “蓬生麻中，不扶而直；白沙在涅，与之俱黑”，这句话所体现的影响人身心发展的因素是（　　）。

A. 教育　　B. 环境

C. 遗传　　D. 个体主观能动性

12. 师生之间的心理关系包括认知关系和（　　）。

A. 情感关系　　B. 非正式关系

C. 人际关系　　D. 工作关系

13. 惩罚的形式一般有批评、训导和（　　）。

A. 警告　　B. 记过

C. 处分　　D. 开除学籍

14. 按道尔顿制，教师不再向学生系统讲授教材，而是由（　　）。

A. 学生分成小组学习　　B. 学生轮流担任教师讲授教材

C. 学生自学和共同完成作业　　D. 学生自学和独立完成作业

15. 教师所表现出来的最突出的角色是（　　）。

A. “领导者”角色　　B. “心理医生”角色

C. “教员”角色　　D. “研究者”角色

第二部分　非选择题

二、填空题（本大题共 5 小题，每小题 2 分，共 10 分）

16. 体育是授予学生__________知识、技能，发展他们的体力，增强他们的__________教育。

17. 教学大纲和教科书的编排通常采取__________与__________两种。

18. 活动课程的主要倡导者是美国实用主义教育家__________和__________。

19. 按照教学任务，参观法可分为__________、__________和总结性参观。

20. 陶冶的主要方式有人格感化、__________和__________。

三、判断改错题（本大题共 5 小题，每小题 4 分，共 20 分）

判断下列各题划线处的正误，在“答题卡”的试题序号后，正确的划上“√”；错误的划上“×”，并改正错误。

21. 隐性课程可分为以下三层结构：物质—空间类、组织—制度类和<u>文化—制度类</u>。（　　）

22. 教学设计的基本要素是教学目标、教学策略、教学媒体和<u>教学评价</u>。（　　）

23. 一般教学方法的实施都要有五个步骤，它们是备课、呈现教材、举例说明、归纳概括和布置作业。　（　　）

24. 远古教育的原始性主要表现为独立性、贫乏性和无阶级性。　（　　）

25. 动作技能的形成要经历定向、分解、保持和熟练四个阶段。　（　　）

四、简答题（本大题共5小题，每小题6分，共30分）

26. 简述学生教育方法。

27. 简述中国教师角色行为中的文化传统。

28. 简述学习方法指导的方式。

29. 简述青少年儿童的合法权利。

30. 简述教育对文化的作用。

五、论述题（本大题共2小题，第31小题12分，第32小题13分，共25分）

31. 试述学校与社会教育机构联系的内容和方式。

32. 试述影响课堂管理的因素。

四川省 2018 年 10 月高等教育自学考试教育学（二）试卷参考答案

（课程代码　00442）

一、单项选择题

1. B　2. D　3. C　4. A　5. D　6. B　7. A　8. C　9. A
10. D　11. B　12. A　13. C　14. D　15. C

二、填空题

16. 健身；体质
17. 直线式；圆周式
18. 杜威；克伯屈
19. 准备性参观；并行性参观
20. 环境陶冶；艺术陶冶

三、判断改错题

21. （×）（2 分）
“文化—制度类”改为“文化—心理类”。
22. （√）（4 分）
23. （×）（2 分）
“备课”改为“引起动机”。
24. （×）（2 分）
“独立性”改为“非独立性”。
24. （×）（2 分）
“保持”改为“定位”。

四、简答题

26. 答：（1）说服教育（1 分）；
（2）榜样和示范（1 分）；
（3）锻炼（1 分）；
（4）修养（1 分）；
（5）陶冶（1 分）；
（6）评价（1 分）。
27. 答：（1）道德追求大于社会索取（2 分）；
（2）社会本位高于个人本位（2 分）；
（3）自我修养先于对他人教育（2 分）。
28. 答：（1）系统传授式（1 分）；
（2）专题讨论式（1 分）；
（3）学科渗透式（2 分）；
（4）学习诊断式（1 分）；
（5）经验交流式（1 分）。
29. 答：（1）生存的权利（1 分）；
（2）受教育的权利（1 分）；
（3）受尊重的权利（2 分）；
（4）安全的权利（2 分）。
30. 答：（1）教育是文化延续和更新的必不可少的手段（2 分）；
（2）教育的第二个作用是对文化的普及（2 分）；
（3）教育还具有交流、整合不同类型文化的作用（2 分）。

五、论述题

31. 答：（1）建立学校、家庭、社会三结合的校外教育组织（2 分）；
（2）学校系统与宣传部门建立联系（2 分）；
（3）学校与社会公共文化机构建立和保持经常性的联系（2 分）；
（4）学校与社会专门性的社会教育机构建立稳定的联系（1 分）；
（5）学校有选择的与有关工矿、企业、村镇等建立联系（1 分）。
（阐述酌情给 1~4 分）

32. 答：(1) 学校领导的管理方式（2 分）；

(2) 学生的定型期望（2 分）；

(3) 班集体的特点（2 分）；

(4) 教师的行为方式（2 分）。

（阐述酌情给 1~5 分）。

四川省 2019 年 4 月高等教育自学考试
教育学（二）试卷

（课程代码 00442）

1. 本试卷分为两个部分：第一部分为选择题，第二部分为非选择题。
2. 应考者必须按试题顺序在答题卡指定位置上作答，答在试卷上无效。
3. 涂写部分、画图部分必须使用 2B 铅笔，书写部分必须使用黑色字迹签字笔。

第一部分 选择题

一、单项选择题（本大题共 15 小题，每小题 1 分，共 15 分）

在每小题列出的备选项中只有一个是符合题目要求的，请将其选出。错选、多选或未选均无分。

1. 构成课程的三种基本成分是（　　）。

A. 语文、数学、外语

B. 必修课、选修课、活动课

C. 课程目标、课程内容、学习活动的方式

D. 德、智、体

2. 核心课程是（　　）。

A. 以教学为核心　　B. 以问题为核心

C. 以学生为核心　　D. 以教材为核心

3. 20 世纪 60 年代的美国课程改革是（　　）。

A. 以“新三艺”为中心　　B. 以自然科学为中心

C. 以社会科学为中心　　D. 以数学为中心

4. 由教育主管部门制定的有关学校教学教育工作的指导性文件是（　　）。

A. 教育法规　　B. 教科书

C. 教学大纲　　D. 教学计划

5.《大教学论》的作者是（　　）。

A. 夸美纽斯　　B. 赫尔巴特

C. 乌申斯基　　D. 第斯多惠

6. “不愤不启，不悱不发”思想的提出者是（　　）。

A. 孟子　　B. 朱熹

C. 孔子　　D. 荀子

7. 直观教学方式一般分为实物直观、模拟直观和（　　）。

A. 实验直观　　B. 模型直观

C. 图表直观　　D. 语言直观

8. 按照学科，参观可分为生产性参观、自然和科学性参观以及（　　）。

A. 总结性参观　　B. 历史文学性参观

C. 并行性参观　　D. 准备性参观

9. 学生是教师选择和使用教育影响的（　　）。

A. 依据　　B. 桥梁

C. 中介　　D. 方式

10. 中华人民共和国成立后，我国对教育目的的第一次明确表述是在（　　）。

A. 1950 年　　B. 1957 年

C. 1958 年　　D. 1982 年

11. 个体的主管能动性是人身心发展的（　　）。

A. 生理基础　　B. 动力

C. 客观条件　　D. 自然前提条件

12. 处于生理上的“激变期”的是（　　）。

A. 小学生　　B. 初中生

C. 高中生　　D. 大学生

13. 奖励一般有三种形式，它们是赞许、表扬和（　　）。

A. 颁发奖状　　B. 授予奖品

C. 授予荣誉称号　　D. 奖赏

14. 中国最早采用班级上课制，始于1862年于北京开办的（　　）。

A. 京师大学堂　　B. 京师外语学堂

C. 京师同文馆　　D. 京师国学堂

15. “教学有法，但无定法”，这句话体现了教师劳动的（　　）。

A. 创造性　　B. 艺术性

C. 复杂性　　D. 广延性

第二部分　非选择题

二、填空题（本大题共5小题，每小题2分，共10分）

16. 智育是授予学生系统的__________、技能和发展他们的__________的教育。

17. 教学大纲的组成部分是__________、__________以及其他部分。

18. 学科课程的优点是重视每门科学知识的__________、__________和完整性。

19. 讲授法包括__________、__________、讲读和讲演四种方式。

20. 锻炼的主要形式是__________、__________、委托任务和组织活动。

三、判断改错题（本大题共5小题，每小题4分，共20分）

判断下列各题划线处的正误，在“答题卡”的试题序号后，正确的划上“√”；错误的划上“×”，并改正错误。

21. 隐性课程的主要特点是潜在性、非预期性和<u>单一性</u>。（　　）

22. 课程现代化的基本特点之一是强调知识的系统化和<u>结构化</u>。（　　）

23. 按练习目的，练习可分为预备性练习、训练性练习和心理技能练习。 （　　）

24. 我国社会主义教育目的以儒家关于人的全面发展学说为理论基础，主张人的全面发展与个性发展统一。 （　　）

25. 学生知识的学习过程分为选择、领会、保持和熟练四个阶段。 （　　）

四、简答题（本大题共 5 小题，每小题 6 分，共 30 分）

26. 简述中小学的德育原则。

27. 简述教师的能力结构。

28. 简述学习方法指导的过程。

29. 简述民主型师生关系的主要特征。

30. 简述教育对政治的作用。

五、论述题（本大题共 2 小题，第 31 小题 12 分，第 32 小题 13 分，共 25 分）

31. 试述家庭因素对教育的影响。

32. 试述教学过程的基本功能。

四川省2019年4月高等教育自学考试教育学（二）试卷参考答案

（课程代码　00442）

一、单项选择题

1. C　2. B　3. A　4. D　5. A　6. C　7. D　8. B　9. A
10. C　11. B　12. B　13. D　14. C　15. A

二、填空题

16. 科学文化知识；智力
17. 说明部分；本文部分
18. 逻辑性；系统性
19. 讲述；讲解
20. 练习；制度

三、判断改错题

21. （×）（2分）
“单一性”改为“多样性”。
22. （√）（4分）
23. （×）（2分）
“心理技能练习”改为“创造性练习”。
24. （×）（2分）
“儒家”改为“马克思主义”。
25. （×）（2分）
“熟练”改为“应用”。

四、简答题

26. 答：①理论和实践相结合的原则；②疏导原则；③发扬积极因素、克服消极因素的原则；④严格要求与尊重学生相结合的原则；⑤因材施教原则；⑥在集体中教育原则；⑦教育影响一致性和连贯性原则。（以上七个原则每个原则1分，答对其中任意六个原则得6分，但总分不得超过6分）

27. 答：（1）教育预见能力（2分）；

（2）教育传导能力（2分）；

（3）教育过程控制能力，包括对学生的控制、对自己的控制和对情境的控制（2分）。

28. 答：（1）了解学情（2分）；

（2）制订计划，做好准备（2分）；

（3）实施指导（1分）；

（4）反馈控制（1分）。

29. 答：（1）教师对学生严格要求，尊重学生，发扬教学民主（2分）；

（2）情绪热烈、课堂气氛活跃（2分）；

（3）师生之间呈现积极的双向的交流（1分）；

（4）教学效果良好（1分）。

30. 答：（1）宣传一定的政治观点、理论、方针、路线，造成舆论（2分）；

（2）组织学生直接参加社会政治活动（2分）；

（3）实现对受教育者的阶级或阶层的选拔（1分）；

（4）培养合格的公民和各种政治人才（1分）。

五、论述题

31. 答：（1）家长的职业类别（2分）；

（2）家长的文化程度（2分）；

（3）家庭的经济状况（1分）；

（4）家庭结构（1分）；

（5）家庭的气氛（1分）；

（6）家长对子女的期望水平（1分）。

（阐述酌情给1~4分）

32. 答：（1）传授知识（2 分）；

（2）形成技能（2 分）；

（3）培养智能（2 分）；

（4）发展个性（2 分）。

（阐述酌情给 1~5 分）

四川省2019年10月高等教育自学考试 教育学（二）试卷

（课程代码　00442）

1. 本试卷分为两个部分：第一部分为选择题，第二部分为非选择题。

2. 应考者必须按试题顺序在答题卡指定位置上作答，答在试卷上无效。

3. 涂写部分、画图部分必须使用2B铅笔，书写部分必须使用黑色字迹签字笔。

第一部分　选择题

一、单项选择题（本大题共15小题，每小题1分，共15分）

在每小题列出的备选项中只有一个是符合题目要求的，请将其选出。错选、多选或未选均无分。

1. 我国学校目前所开设的课程，大致上是由（　　）。

A. 社会学科和自然学科组成

B. 体育类和艺术类组成

C. 语文、数学和外语组成

D. 工具类学科、知识类学科和技艺类学科组成

2. 中国分科教学始于（　　）。

A. 孔子　　B. 孟子

C. 荀子　　D. 墨子

3. “学科结构论”的提出者是（　　）。

A. 杜威　　B. 布鲁纳

C. 康德　　D. 巴班斯基

4. 建立在一定理论基础之上，为实现某种教学目标而制定的教学实施总体方案是（　　）。

A. 教学策略　　B. 教学方法

C. 教学原则　　D. 教学设计

5. “一般发展”理论的提出者是（　　）。

A. 维果茨基　　B. 麦丁斯基

C. 赞可夫　　D. 凯洛夫

6. “产婆术”的提出者是（　　）。

A. 昆体良　　B. 亚里士多德

C. 柏拉图　　D. 苏格拉底

7. “不陵节而施”这句话所体现的教学原则是（　　）。

A. 巩固性原则　　B. 循序渐进原则

C. 启发性原则　　D. 直观性原则

8. 可使学生在较短时间内获得较多的系统连贯的知识的方法是（　　）。

A. 讨论法　　B. 谈话法

C. 讲授法　　D. 读书指导法

9. 教师是教育影响和学生间的（　　）。

A. 中介　　B. 基础

C. 依据　　D. 桥梁

10. 教育起源于（　　）。

A. 无意识的模仿　　B. 竞争的本能

C. 生产劳动　　D. 生存的本能

11. 遗传是人的发展的（　　）。

A. 动力　　B. 客观条件

C. 主导条件　　D. 生理前提

12. 教师与学生之间为完成教育任务而发生的关系是（　　）。

A. 人际关系　　B. 工作关系

C. 心理关系　　D. 组织关系

13. 我国中小学最常见的德育方法是（　　）。

A. 说服教育　　B. 陶冶

C. 操行评定　　D. 榜样示范

14. 把大班、小班和个人三种教学形式结合起来的是（　　）。

A. 导生制　　B. 特朗普制

C. 设计教学法　　D. 道尔顿制

15. “师者，人之模范”，这句话体现了教师劳动的（　　）。

A. 长期性　　B. 复杂性

C. 协作性　　D. 示范性

第二部分　非选择题

二、填空题（本大题共 5 小题，每小题 2 分，共 10 分）

16. 德育是引导学生领悟社会主义__________和道德规范，培养学生的社会主义__________的教育。

17. 教学计划的组成部分是__________、__________、课时分配以及学年编制和学周安排。

18. 显性课程是指为实现一定的教育目标而正式列入学校__________的各门学科，以及有目的、有组织的__________。

19. 按练习内容，练习可分为__________、__________和文明行为习惯练习。

20. 修养的主要形式有学习、座右铭、立志、__________和__________。

三、判断改错题（本大题共 5 小题，每小题 4 分，共 20 分）

判断下列各题划线处的正误，在“答题卡”的试题序号后，正确的划上“√”；错误的划上“×”，并改正错误。

21. 我国课程改革的发展趋势之一是重视课程形式的<u>多样化</u>、个性化和综合化。（　　）

22. 中小学课程结构的安排，基本上是由必修课、选修课、活动课和技艺类课四个“板块”组成的。（　　）

23. 备课、上课、课后辅导和归纳概括构成了教学工作的基本环节。（　　）

24. 人的身心发展具有顺序性、阶段性、平衡性和个别差异性的特点。（　　）

25. 素质教育的特点有整体性、基础性、外化性和综合性。（　　）

四、简答题（本大题共5小题，每小题6分，共30分）

26. 简述学生品德形成的过程。

27. 简述教师的知识结构。

28. 简述学习方法指导的基本要求。

29. 简述青少年发展中的特殊问题。

30. 简述教育与社会物质生产的关系。

五、论述题（本大题共 2 小题，第 31 小题 12 分，第 32 小题 13 分，共 25 分）

31. 试述学校与家庭联系的基本内容和方式。

32. 试述教学方法选择的依据。

四川省2019年10月高等教育自学考试教育学（二）试卷参考答案

（课程代码　00442）

一、单项选择题

1. D　2. A　3. B　4. A　5. C　6. D　7. B　8. C　9. A
10. C　11. D　12. B　13. A　14. B　15. D

二、填空题

16. 思想政治观点；品德
17. 学科设置；学科顺序
18. 教学计划；课外活动
19. 心理技能练习；动作技能练习
20. 自我批评；慎独

三、判断改错题

21. （√）（4分）
22. （×）（2分）
“技艺类课”改为“社会活动”。
23. （×）（2分）
“归纳概括”改为“评价”。
24. （×）（2分）
“平衡性”改为“不平衡性”。
25. （×）（2分）
“外化性”改为“内化性”。

四、简答题

26. 答：（1）是道德认识的形成、道德情感的培养、道德意志的锻炼和道德行为训练的过程（2分）；

（2）一般是从认知开始，沿着知、情、意、行的内在发展顺序进行（2分）；

（3）但这并不是一个固定不变的模式，品德的培养可以以任何一个环节为开端（2分）。

27. 答：（1）通晓所教的学科和专业（2分）；

（2）具有比较广泛的基础文化知识（2分）；

（3）掌握教育科学理论，懂得教育规律（2分）。

28. 答：（1）学习方法指导要有整体观（2分）；

（2）把学习方法指导的研究与研究学生结合起来（2分）；

（3）激发学生学习的自觉性、主动性（1分）；

（4）学习方法指导，必须着眼于学生能力的培养（1分）。

29. 答：（1）身心失衡带来的困扰（2分）；

（2）独立性与依赖性的矛盾（1分）；

（3）同辈群体与父母价值观的冲突（1分）；

（4）自我探索中的迷惑（1分）；

（5）父母过高期望引起的压力（1分）。

30. 答：（1）社会物质生产的发展为教育的发展提供了基础性条件（1分）；

（2）社会物质生产的发展对教育不断提出新的需求（1分）；

（3）教育是实现劳动力和生产中所需要的各种人员“再生产”的重要手段（2分）；

（4）教育是加速现代社会物质生产技术更新的有利因素（2分）。

五、论述题

31. 答：（1）互相访问（2分）；

（2）通信联系（2分）；

（3）召开家长会（2分）；

（4）在学校中组织家长委员会（1分）；

（5）举办家长学校（1分）。

（阐述酌情给1~4分）

32. 答：（1）依据学生的特点（2 分）；

（2）依据教师的特点（2 分）；

（3）依据教学大纲规定的教学进度和教学时间（2 分）；

（4）依据现代技术设备条件（2 分）。

（阐述酌情给 1~5 分）

四川省 2020 年 8 月高等教育自学考试
教育学（二）试卷

（课程代码　00442）

1. 本试卷分为两个部分：第一部分为选择题，第二部分为非选择题。
2. 应考者必须按试题顺序在答题卡指定位置上作答，答在试卷上无效。
3. 涂写部分、画图部分必须使用 2B 铅笔，书写部分必须使用黑色字迹签字笔。

第一部分　选择题

一、单项选择题（本大题共 15 小题，每小题 1 分，共 15 分）

在每小题列出的备选项中只有一个是符合题目要求的，请将其选出。错选、多选或未选均无分。

1. 教师是教育影响和学生间的（　　）。

A. 依据　　B. 桥梁

C. 基础　　D. 中介

2. “师者，人之模范”，这句话体现了教师劳动的（　　）。

A. 示范性　　B. 长期性

C. 复杂性　　D. 协作性

3. 教师与学生之间为完成教育任务而发生的关系是（　　）。

A. 组织关系　　B. 人际关系

C. 工作关系　　D. 心理关系

4. 遗传是人的发展的（　　）。

A. 主导条件　　B. 生理前提

C. 客观条件　　D. 动力

5. 最早把大班、小班和个人三种教学形式结合起来的是（　　）。

A. 道尔顿制　　B. 设计教学法

C. 导生制　　D. 特朗普制

6. 古代中国、埃及和希腊的学校大都采用（　　）。

A. 班级教学形式　　B. 个别教学形式

C. 分组教学形式　　D. 自学形式

7. 在西方，最早主张分科教学的是（　　）。

A. 亚里士多德　　B. 苏格拉底

C. 柏拉图　　D. 昆体良

8. 课堂播放教学法主要有两种，它们是演播法和（　　）。

A. 现场直播法　　B. 录播法

C. 插播法　　D. 程序法

9. “范例教学”思想的代表人物有（　　）。

A. 苏霍姆林斯基　　B. 根舍因

C. 康德　　D. 培根

10. 核心课程是（　　）的课程。

A. 以教材为核心　　B. 以教师为核心

C. 以学生为核心　　D. 以问题为核心

11. 按照马克思主义观点，实现人的全面发展的唯一方法是（　　）。

A. 教育与政治相结合　　B. 教育与文化相结合

C. 教育与科学技术相结合　　D. 教育与生产劳动相结合

12. “道而弗牵，强而弗抑，开而弗达”这句话出自（　　）。

A.《大学》　　B.《中庸》

C.《论语》　　D.《学记》

13. “一般发展理论”的提出者是（　　）。

A. 赞可夫　　B. 凯洛夫

C. 巴班斯基　　D. 麦丁斯基

14. “不陵节而施”这句话所体现的教学原则是（　　）。

A. 直观性原则　　B. 启发性原则

C. 循序渐进原则　　D. 巩固性原则

15. 我国中小学最常用的德育方法是（　　）。

A. 榜样示范法　　B. 说服教育法

C. 陶冶法　　D. 操行评价法

第二部分　非选择题

二、填空题（本大题共5小题，每小题2分，共10分）

16. 构成课程的三种基本成分是__________、__________和学习活动的方式。

17. 动作技能的形成要经历__________、__________、定位和熟练四个阶段。

18. 我国目前中小学存在的师生关系类型主要有对立型、依赖型、__________和__________。

19. 教学的辅助组织形式有作业、辅导、__________和__________。

20. 一般教学方法的实施都要经历五个阶段，它们是__________、呈现教材、举例说明、归纳概括和__________。

三、判断改错题（本大题共5小题，每小题4分，共20分）

判断下列各题划线处的正误，在"答题卡"的试题序号后，正确的划上"√"；错误的划上"×"，并改正错误。

21. 陶冶的主要方式有人格感化、环境陶冶和<u>美术陶冶</u>。（　　）

22. 远古教育的原始性主要表现为非独立性、贫乏性和<u>阶级性</u>。（　　）

23. 教学设计的基本要素是教学目标、教学策略、<u>教学媒体</u>和教学评价。（　　）

24. 隐性课程的主要特点有潜在性、非预期性和<u>多样性</u>。　　（　　）

25. 活动课程的主要倡导者是美国教育家<u>洛克和斯宾塞</u>。　　（　　）

四、简答题（本大题共 5 小题，每小题 6 分，共 30 分）

26. 简述教育对科学技术发展的作用。

27. 简述教学方法选择的依据。

28. 简述良好家庭教育的基本条件。

29. 简述素质教育的目标分类。

30. 简述中国教师角色行为中的文化传统。

五、论述题（本大题共 2 小题，第 31 小题 12 分，第 32 小题 13 分，共 25 分）

31. 试述学习方法指导的方式。

32. 试述青少年的合法权利。

四川省 2020 年 8 月高等教育自学考试
教育学（二）试卷参考答案

（课程代码　00442）

一、单项选择题

1. D　2. A　3. C　4. B　5. D　6. B　7. A　8. C　9. B
10. D　11. D　12. D　13. A　14. C　15. B

二、填空题

16. 课程目标；课程内容
17. 定向；分解
18. 自由放任型；民主型
19. 讲座；参观
20. 引起动机；布置作业

三、判断改错题

21. （×）（2 分）
“美术陶冶”改为“艺术陶冶”。
22. （×）（2 分）
“阶级性”改为“无阶级性”。
23. （√）（4 分）
24. （√）（4 分）
25. （×）（2 分）
“洛克和斯宾塞”改为“杜威和克伯屈”。

四、简答题

26. 答：（1）教育对科学知识的再生产（1.5 分）；

（2）教育推进科学的体制化（1.5 分）；

（3）教育具有科学研究的功能（1.5 分）；

（4）教育向科学提出将科学成果在教育应用上技术化的要求，从而丰富科学技术的活动，扩大技术的成果（1.5 分）。

27. 答：（1）依据学生的特点（2 分）；

（2）依据教师的特点（2 分）；

（3）依据教学大纲规定的教学进度和教学时间（1 分）；

（4）依据现代技术设备条件（1 分）。

28. 答：（1）父母的表率作用（2 分）；

（2）民主和睦的家庭气氛（2 分）；

（3）父母的文化修养（1 分）；

（4）正确的教育观点和方法（1 分）。

29. 答：（1）思想政治素质目标（1 分）；

（2）道德素质目标（1 分）；

（3）文化素质目标（1 分）；

（4）生理素质目标（1 分）；

（5）心理素质或审美素质目标（1 分）；

（6）劳动素质或交往素质目标（1 分）。

30. 答：（1）道德追求大于社会索取（2 分）；

（2）社会本位高于个人本位（2 分）；

（3）自我修养先于对他人的教育（2 分）。

五、论述题

31. 答：（1）系统传授式（2 分）；

（2）专题讨论式（2 分）；

（3）学科渗透式（2 分）；

（4）学习诊断式（1 分）；

（5）经验交流式（1 分）。

（阐述酌情给 1~4 分）

32. 答：（1）生存的权利（2 分）；

（2）受教育的权利（2 分）；

（3）受尊重的权利（2 分）；

（4）安全的权利（2 分）。

（阐述酌情给 1~5 分）

四川省 2020 年 10 月高等教育自学考试
教育学（二）试卷

（课程代码　00442）

1. 本试卷分为两个部分：第一部分为选择题，第二部分为非选择题。

2. 应考者必须按试题顺序在答题卡指定位置上作答，答在试卷上无效。

3. 涂写部分、画图部分必须使用 2B 铅笔，书写部分必须使用黑色字迹签字笔。

第一部分　选择题

一、单项选择题（本大题共 15 小题，每小题 1 分，共 15 分）

在每小题列出的备选项中只有一个是符合题目要求的，请将其选出。错选、多选或未选均无分。

1. “既要考虑给予学生一个健康的体魄，也要重视给予学生一个美好的心灵”。这句话反映出，教师还要扮演（　　）。

A.“父母”角色　　B.“学校管理者”角色

C.“领导者”角色　　D.“心理医生”角色

2. “教学有法，但无定法。”这句话体现了教师劳动的（　　）。

A. 广延性　　B. 长期性

C. 创造性　　D. 艺术性

3. 个体的主观能动性是个体发展的（　　）。

A. 动力　　B. 自然前提条件

C. 生理基础　　D. 客观条件

4. 中华人民共和国成立后，我国对教育目的的第一次明确表述是在（　　）。

A. 1957 年　　B. 1958 年

C. 1982 年　　D. 1990 年

5. 中国最早采用班级上课制，始于 1862 年于北京开办的（　　）。

A. 京师同文馆　　B. 京师国学堂

C. 京师外语学堂　　D. 京师大学堂

6. 第一个从理论上对班级上课制进行总结的是（　　）。

A. 卢梭　　B. 赫尔巴特

C. 夸美纽斯　　D. 洛克

7. 中国分科教学始于（　　）。

A. 孟子　　B. 孔子

C. 墨子　　D. 荀子

8. “学科结构论”的提出者是（　　）。

A. 可伯屈　　B. 凯洛夫

C. 布卢姆　　D. 布鲁纳

9. 德育就是（　　）。

A. 培养学生政治观点的教育　　B. 形成学生道德规范的教育

C. 形成学生人生观的教育　　D. 培养学生品德的教育

10. 普通中小学教育的性质是（　　）。

A. 职业教育　　B. 专业教育

C. 基础教育　　D. 技术教育

11. 可使学生在较短时间内获得较多的系统连贯的知识的方法是（　　）。

A. 讲授法　　B. 谈话法

C. 读书指导法　　D. 练习法

12. 建立在一定理论基础之上，为实现某种教学目标而制定的教学实施总体方案是（　　）。

A. 教学计划　　B. 教学原则

C. 教学方法　　D. 教学策略

13. “产婆术”的提出者是（　　）。

A. 亚里士多德　　B. 柏拉图

C. 苏格拉底　　D. 昆体良

14. “学不躐等”这句话所体现的教学原则是（　　）。

A. 因材施教原则　　B. 循序渐进原则

C. 科学性原则　　D. 启发性原则

15. 奖励一般有三种形式，它们是赞许、表扬和（　　）。

A. 奖赏　　B. 授予荣誉称号

C. 颁发奖状　　D. 颁发奖品

第二部分　非选择题

二、填空题（本大题共 5 小题，每小题 2 分，共 10 分）

16. 教学工作的基本环节有备课、上课、__________和__________。

17. 学生知识学习的过程分为__________、__________、保持和应用。

18. 师生之间的关系表现为工作关系、人际关系、组织关系、__________和__________。

19. 影响课堂管理的因素有学校领导的管理方式、学生的定型期望、__________和__________。

20. 我国中小学课程包含着认知经验要素、道德经验要素、__________和__________。

三、判断改错题（本大题共 5 小题，每小题 4 分，共 20 分）

判断下列各题划线处的正误，在“答题卡”的试题序号后，正确的划上“√”；错误的划上“×”，并改正错误。

21. 修养的主要形式有学习、座右铭、立志、自我批评和参加活动。（　　）

22. 人的身心发展具有顺序性、阶段性、平衡性和个别差异性的特点。（　　）

23. 我国课程改革的发展趋势之一是重视课程形式的多样化、个性化和综合化。
（　　）

24. 现代教育的基本特征有商品性、生产性、科学性、民主性和发展性。
（　　）

25. 教学计划的组成部分是说明、学科顺序、课时分配和学年编制以及学周安排。
（　　）

四、简答题（本大题共5小题，每小题6分，共30分）

26. 简述教育与社会物质生产的关系。

27. 简述教学过程的规律。

28. 简述家庭因素对教育的影响。

29. 简述德育原则。

30. 简述教师的知识结构。

五、论述题（本大题共 2 小题，第 31 小题 12 分，第 32 小题 13 分，共 25 分）

31. 试述学习方法指导的基本要求。

32. 试述青少年发展中的特殊问题。

四川省 2020 年 10 月高等教育自学考试 教育学（二）试卷参考答案

（课程代码　00442）

一、单项选择题

1. D　2. C　3. A　4. B　5. A　6. C　7. B　8. D　9. D
10. C　11. A　12. D　13. C　14. B　15. A

二、填空题

16. 课后辅导；评价
17. 选择；领会
18. 心理关系；非正式关系
19. 班集体的特点；教师的行为方式
20. 审美经验要素；健身经验要素

三、判断改错题

21. （×）（2 分）
“参加活动”改为“慎独”。
22. （×）（2 分）
“平衡性”改为“不平衡性”。
23. （√）（4 分）
24. （√）（4 分）
25. （×）（2 分）
“说明”改为“学科设置”。

四、简答题

26. 答：（1）社会物质生产的发展为教育的发展提供了基础性条件（1分）；
（2）社会物质生产对教育不断提出新的要求（1分）；
（3）教育是实现劳动力和生产中所必须的各种人员“再生产”的重要手段（2分）；
（4）教育是加速现代社会物质生产技术更新的有利因素（2分）。
27. 答：（1）教学认识过程简约性的规律（1分）；
（2）教和学相互依存的规律（2分）；
（3）教学与发展相互制约相互促进的规律（2分）；
（4）教学要素的整体性规律（1分）。
28. 答：（1）家长的职业（1分）；
（2）家长的文化程度（1分）；
（3）家庭的经济状况（1分）；
（4）家庭结构（1分）；
（5）家庭的气氛（1分）；
（6）家长对子女的期望水平（1分）。
29. 答：（1）理论和实践相结合原则（1分）；
（2）疏导原则（1分）；
（3）发扬积极因素、克服消极因素原则（1分）；
（4）严格要求与尊重学生相结合原则（1分）；
（5）因材施教原则（1分）；
（6）在集体中教育原则或教育影响一致性和连贯性原则（1分）。
30. 答：（1）通晓所教的学科和专业（2分）；
（2）具有比较广泛的基础文化知识（2分）；
（3）掌握教育科学理论，懂得教育规律（2分）。

五、论述题

31. 答：（1）学习方法指导要有整体观（2分）；
（2）把学习方法指导的研究与研究学生结合起来（2分）；
（3）激发学生学习的自觉性、主动性（2分）；
（4）学习方法指导，必须着眼于学生能力的培养（2分）。

（阐述酌情给 1~4 分）

32. 答：（1）身心失衡带来的困扰（2 分）；

（2）独立性与依赖性的矛盾（2 分）；

（3）同辈群体与父母价值观的冲突（2 分）；

（4）自我探索中的冲突（2 分）；

（5）父母过高期望引起的压力（1 分）。

（阐述酌情给 1~4 分）

四川省2021年4月高等教育自学考试
教育学（二）试卷

（课程代码 00442）

1. 本试卷分为两个部分：第一部分为选择题，第二部分为非选择题。

2. 应考者必须按试题顺序在答题卡指定位置上作答，答在试卷上无效。

3. 涂写部分、画图部分必须使用2B铅笔，书写部分必须使用黑色字迹签字笔。

第一部分 选择题

一、单项选择题（本大题共15小题，每小题1分，共15分）

在每小题列出的备选项中只有一个是符合题目要求的，请将其选出。错选、多选或未选均无分。

1. “一把钥匙开一把锁。”这句话所体现的教师劳动特点是（　　）。

A. 复杂性　　B. 创造性

C. 艺术性　　D. 长期性

2. 教师所表现出来的最突出的角色是（　　）。

A.“教员”角色　　B.“研究者”角色

C.“心理医生”角色　　D.“领导者”角色

3. 教育影响是教师对学生施加影响的（　　）。

A. 手段　　B. 桥梁

C. 中介　　D. 依据

4. 按道尔顿制，教师不再向学生系统讲授教材，而是由（　　）。

A. 学生自学和共同完成作业　　B. 学生轮流担任教师教授教材

C. 学生自学和独立完成作业　　D. 学生分成小组学习

5. “蓬生麻中，不扶自直；白沙在涅，与之俱黑。”这句话所体现的影响人的身心发展的因素是（　　）。

A. 个体主观能动性　　B. 遗传

C. 教育　　D. 环境

6. 班级上课制萌芽于（　　）。

A. 15 世纪西欧的一些国家　　B. 16 世纪西欧的一些国家

C. 18 世纪美洲的一些国家　　D. 19 世纪美洲的一些国家

7. 隐性课程的最早提出者是（　　）。

A. 杰克森　　B. 赫尔巴特

C. 卢梭　　D. 斯宾塞

8. 远距离播放教学法有现场直播法和（　　）。

A. 程序教学法　　B. 录制播放法

C. 演播法　　D. 插播法

9. 20 世纪 60 年代美国的课程改革是（　　）。

A. 以社会科学为中心　　B. 以数学为中心

C. 以自然科学为中心　　D. 以“新三艺”为中心

10. 教育目标一般分为三大类，它们是认知领域、能力领域和（　　）。

A. 信念领域　　B. 价值观领域

C. 情意领域　　D. 道德规范领域

11. 按照马克思主义观点，教育起源于（　　）。

A. 生产劳动　　B. 无意识的模仿

C. 竞争的本能　　D. 生存的本能

12. 研究教学系统、教学过程和制订教学计划的系统方法是（　　）。

A. 教学方法　　B. 教学设计

C. 教学策略　　D. 教学原则

13. “最近发展区”理论的提出者是（　　）。

A. 赞可夫　　B. 乌申斯基

C. 维果茨基　　D. 巴班斯基

14. “不愤不启，不悱不发”思想的提出者是（　　）。

A. 孔子　　B. 孟子

C. 荀子　　D. 朱熹

15. 我国第一次从法律上明确规定教育目的，是在（　　）。

A. 1957 年　　B. 1958 年

C. 1979 年　　D. 1982 年

第二部分　非选择题

二、填空题（本大题共 5 小题，每小题 2 分，共 10 分）

16. 根据学习的不同内容和结果，学习可以分为__________、技能和熟练的学习、__________、道德品质和行为习惯的学习。

17. 初中生思维发展的特点是由__________思维向__________思维过渡。

18. 我国学校目前所开设的课程，大致上是由__________、__________和技艺类学科组成的。

19. 课堂管理的基本原则有__________、建立积极的师生关系和同伴关系、实施有效的教学措施和__________。

20. 综合课的结构是__________、__________、提出教学目的并讲授新课、巩固新课和布置作业。

三、判断改错题（本大题共 5 小题，每小题 4 分，共 20 分）

判断下列各题划线处的正误，在“答题卡”的试题序号后，正确的划上“√”；错误的划上“×”，并改正错误。

21. 锻炼的主要形式是练习、制度、委托任务和<u>组织活动</u>。（　　）

22. 我国社会主义教育目的以儒家关于人的全面发展学说为理论基础。（ ）

23. 课程现代化的基本特点之一是强调知识的系统化和结构化。 （ ）

24. 隐性课程分为以下三层结构物质—空间类、组织—制度类和文化—制度类。

（ ）

25. 教学大纲的组成部分是学科设置、本文以及其他部分。 （ ）

四、简答题（本大题共 5 小题，每小题 6 分，共 30 分）

26. 简述教育对文化的作用。

27. 简述教学方法选择的衡量标准。

28. 简述家庭教育的功能。

29. 简述学生教育方法。

30. 简述教师的能力结构。

五、论述题（本大题共 2 小题，第 31 小题 12 分，第 32 小题 13 分，共 25 分）

31. 试述学习方法指导的过程。

32. 试述民主型师生关系的主要特征。

四川省2021年4月高等教育自学考试教育学（二）试卷参考答案

（课程代码　00442）

一、单项选择题

1. B　2. A　3. B　4. C　5. D　6. B　7. A　8. B　9. D
10. C　11. A　12. B　13. C　14. A　15. D

二、填空题

16. 知识的学习；能力的学习
17. 具体形象；抽象逻辑
18. 工具类学科；知识类学科
19. 了解学生的需求；建立教室常规
20. 组织教学；检查与复习

三、判断改错题

21. （√）（4分）
22. （×）（2分）；“儒家”改为：“马克思主义”（2分）
23. （√）（4分）
24. （×）（2分）；“文化—制度类”改为：“文化—心理类”（2分）
25. （×）（2分）；“学科设置”改为：“说明部分”（2分）

四、简答题

26. 答：（1）教育是文化延续和更新的必不可少的手段；（2分）
（2）教育对文化具有普及作用；（2分）

（3）教育具有交流、整合不同类型文化的作用。（2分）

27. 答：

教育方法选择的衡量标准有：（1）是否符合学生的特点、教师特点、教学大纲的规定，是否采用了现代化设备；（2分）

（2）是否维持学生的注意与兴趣；（1分）

（3）分析教师用什么方法解决妨碍、干扰教与学的智力问题和情趣问题；（1分）

（4）是否给学生带来满足感；（1分）

（5）维持课堂纪律是实施教学方法的重要前提。（1分）

28. 答：

家庭教育的功能有：（1）教导基本的生活技能；（2分）

（2）教导社会规范、形成道德情操；（1分）

（3）指导生活目标，形成个人理想；（1分）

（4）培养社会角色；（1分）

（5）形成个人性格特征。（1分）

29. 答：

学生教育的方法有：（1）说服教育；（1分）

（2）榜样和示范；（1分）

（3）锻炼；（1分）

（4）修养；（1分）

（5）陶冶；（1分）

（6）评价。（1分）

30. 答：

教师的能力结构有：（1）教育预见能力；（2分）

（2）教育传导能力；（2分）

（3）教育过程控制的能力。（2分）

五、论述题

31. 答：

学习方法指导的过程有：（1）了解学情；（2分）

（2）制订计划，做好准备；（2分）

（3）实施指导；（2分）

（4）反馈控制。（2分）

（阐述酌情给1~4分）

32. 答：

民主型师生关系的主要特征有：（1）教师对学生严格要求、尊重学生、发扬教学民主，学生尊敬教师；（2分）

（2）情绪热烈、和谐，课堂气氛活跃；（2分）

（3）师生之间呈现积极的双向的交流；（2分）

（4）教学效果良好。（2分）

（阐述酌情给1~5分）